존엄사, 교회에 '생명'의 길을 묻다

- 존엄사, 그 진실과 신앙적 성찰의 가이드 -

집필진

문시영 | 철학박사, 새세대 교회윤리연구소장, 남서울대 교수

정유석 | 의학박사, 단국대 의대 의료윤리/가정의학교실 주임교수

김성수 | 국내최초 의대출신 변호사 겸 공인노무사

김형민 | 신학박사, 한국기독교윤리학회장, 호남신학대학 교수

이장형 | 철학박사, 라인홀드 니버 연구소장, 백석대 교수

박원빈 | 철학박사, 퀸지영생교회 목사 역임, 숭실대 교수

존엄사, 교회에 '생명'의 길을 묻다
-존엄사, 그 진실과 신앙적 성찰의 가이드

2009년 3월 5일 인쇄
2009년 3월 10일 발행
지은이 | 세세대 교회윤리연구소
펴낸이 | 이찬규
펴낸곳 | 북코리아
등록번호 | 제10-1519호
주소 | 121-801 서울시 마포구 공덕동 115-13
전화 | 02-704-7840
팩스 | 02-704-7848
이메일 | sunhaksa@korea.com
홈페이지 | www.sunhaksa.com
값 10,000원
ISBN | 978-89-6324-014-5 (93230)

존엄사, 교회에 '생명'의 길을 묻다

– 존엄사, 그 진실과 신앙적 성찰의 가이드 –

북코리아

CONTENTS

존엄사, 교회에 생명의 길을 묻다
-존엄사, 그 진실과 신앙적 성찰의 가이드-

존엄사를 최초로 허용한 재판부 인터뷰에 이런 내용이 있다. "판결을 위해 가톨릭과 불교의 의견은 청취했으나 기독교 쪽은 교파가 많아서 어떻게 의사를 확인해야 할지 몰라 의견을 듣지 못했다." 생명의료문제에 관한 한국교회의 현실을 보여주는 것 같아서 안타까웠던 대목이다. 법원이 어떤 최종판결을 하든지, 향후 입법과정이 어떻게 전개되든지, 먼저 교회 안에서부터 하나의 목소리를 내고 협력할 수 있는 방안은 없는 것일까? 존엄사에 대해 성경적이고 윤리적인 관점을 세워야 마땅하지만, 구체적으로 어떻게 해야 하는 것일까? 이런 뜻에서, 한국교회의 생명윤리를 세우는데 도움이 되고자, 제목을 붙여 보았다. '존엄사, 교회에 생명의 길을 묻다.'

분명, 우리는 생명의 주관자이신 주께서 오라 하실 때까지 열심을 다해 살아야 한다. 주께서 오라 하시면 순종해야 마땅하다. 문제는 주께서 오라 하시는 시점에 대한 인식과 수용의 방식이다. 이미 현대의학은 우리에게 도전장을 내밀었다. 건강에 이상이 생기면 당연히 응급실에 실려 가는 시스템에서, 우리 자신이 '연명치료'의 대상이 되지 않으리라 장담할 수는 없다. 그 일이 제3자의 일이 아니라 우리가족, 우리자신의 일이라면 어떤 답을 주어야 하는가? 무엇이 하나님의 뜻인가?

이 책은 존엄사에 관한 성명서도 아니고 교과서도 아니다. 굳이 말하자면 신앙인으로서 존엄사에 관한 사회적 논란을 어떻게 보아야 할지, 어떤 관점들이 있는지 성찰하기 위한 가이드북이라 할 수 있겠다. 이러한 뜻에서 집필자들은 하나님의 생명주권에 대한 분명하고도 겸허한 신앙고백을 바탕으로, 한국교회가 생명을 살리는 공동체가 되었으면 하는 소망을 담아내고자 했다. 이를 위해 의료인, 법률가, 인권신학자 및 기독교윤리학자와 기독교철학자 등 다양한 필진을 구성하여 종합적이고 성숙한 성찰을 시도하였다.

이 모든 논의는 한국교회가 생명을 살리는 일에 앞장서야 한다는 이야기로 수렴된다. 솔직히, 한국교회는 배아복제의 문제를 비롯하여 현대적 의미의 생명의료 문제에 관심이 없지 않으나 그 깊이는 부족하다. 어김없이 찬반 양론으로 양분되는 모습을 반복하곤 한다. 게다가 기독교의 생명윤리를 시민사회에 설득하는 데 미숙하고 선한 영향력을 발휘하지 못하는 형편이다. 이 시대의 오피니언 리더가 되지 못하고 있는 셈이다. 안타까울 따름이다.

존엄사에 관한 논의들은 이미 탄력을 받고 있다. 지방법원과 고등법원의 판결 뿐 만아니라, 시민단체들이 성명서 혹은 입법청원을 내기도 했고 국회에서는 22명의 의원들이 이른바 '존엄사법'을 발의하는 등 사회적 논의가 점점 더 가속화되고 있다. 아마도, 장기기증을 위한 뇌사 법제화의 경우처럼 존엄사에 관한 법률 또한 조만간 결론이 날 것으로 예측된다. 이 과정에서 기독교는 과연 어떤 역할을 해야 하는가? 생명존엄의 종교로서 선한 영향력을 반드시 발휘해야 할 것이다. 이를 위해서는 교회 안에서부터 존엄사에 관한 논의가 활성화되어야 한다. 그 첫 걸음은 아마도 존엄사에 대한 '공부'일 것이다. 이 책의 집필이유가 바로 여기 있다.

다시 한 번, 분명히 밝혀두고 싶다. 이 책은 신중론을 기반으로 삼아 '생각해 볼 문제들'을 소개해 보았다. 한 마디로, '공부하자'는 것이다. 즉흥적이고 감정적으로 대응하기 전에 공부해야 한다는 뜻이다. 이를 통해 교회 안에서 활발한 논의가 이루어져 바람직한 방향을 찾고, 그것을 토대로 존엄사에 관한 사회적 담론에 당당하게 참여하자는 취지이다. 이것은 또한 바른 윤리의 회복을 통해 한국교회를 섬기고자 하는 우리 연구소의 설립취지에 속한다는 점에서 의의가 크다. 바라기는 존엄사에 관한 성찰과 논의를 통해 한국교회의 생명존엄을 위한 노력이 구체화되고 가속화되었으면 한다.

이 책이 나오기까지 성실히 집필에 주신 집필진 여러분께 깊이 감사드린다. 또한 우리 연구소를 위해 좋은 책을 출판하기에 최선을 다하시는 북코리아의 이찬규 사장님께 감사드리며 정성어린 교정으로 도와준 서신애 조교에게도 고마움을 전하고 싶다. 부디 이 작은 책이 한국교회를 섬기는 데 사용될 수 있기를 기대해 본다.

2009. 3

새세대 교회윤리연구소장 문시영

제1부
교회에 생명의 길을 묻다

문제의 자리

존엄사 – What, Why, and How?

연구소장/남서울대 교수 문시영

1. 판결에서 생명윤리로

법원의 '존엄사 판결'은 그 자체로 우리나라 최초의 기록인 동시에 사회적 관심을 불러일으키기에 충분하다. 90%에 육박하는 찬성여론은 더 이상의 논의도 필요 없다싶을 정도로 존엄사를 당연시하는 분위기이다. 어찌 보면, 앞으로의 판결이나 입법과정은 더 이상 주목받지 못할 수 있다. 과연 그런 것일까? 지방법원, 고등법원으로 이어지는 판결을 근거삼아 국회가 입법하고 관련부처가 법으로 정하면 끝나는 문제일까?

특히, 하나님의 생명주권을 굳게 믿는 신앙인으로서 놓치지 말아야 할 것은 없을까? 입법과정을 비롯한 사회적 논의에 반영시켜야 할 기독교적 관점은 무엇일까? 기독교는 과연 이 시대의 오피니언 리더로서 생명윤리에 관한 아젠다를 충분히 이해하고 주도하고 있는가? 이러한 문제들에 답을 주기 위해서는 기초적인 질문들부터 다루어야 한다.

존엄사란 무엇인가?(What) 그 쟁점사항들은 어떤 것이 있으며 왜 문제시되는가?(Why) 그리고 교회는 어떤 답을 줄 수 있는가?(How) 이 질문들은 우리의 관심을 판결 그 자체에 머물 것이 아니라 생명윤리에 관한 성찰로 나아갈 것을 요청한다. 존엄사 판결이 항소심에서 종결되든 혹은 상고심까지 이르든지 간에 그 자체에 머물러서는 안 된다. '판결'에서 '생명윤리'로, 그것도 기독교적 생명윤리로 관심이 전환되어야 할 시점이라 하겠다.

2. What: 존엄사란 무엇인가?

존엄사. 그것은 간단하지 않을뿐더러, 깊이 있는 가이드가 필요한 문제이다. 더구나 존엄사 자체로 끝나지 않는다. 안락사와의 논리적 연계성 문제가 있고 심지어 유럽과 미국의 사례들처럼 '의사조력자살'의 합법화를 요구하는 상황까지 벌어질지 모른다. 분명한 것은 이 모든 논란의 핵심에 생명의 존엄에 관한 확신, 하나님의 생명주권에 대한 해석의 문제, 그리고 경제적이고 사회적인 현실의 문제들이 얽혀있다는 점이다.

솔직히, '존엄'의 이름으로 죽음에 관해 말하는 것 자체가 썩 마음에 들지는 않는다. 하지만 사회적 논란의 핵으로 떠오른 용어이기에 어쩔 수 없이 그 용어를 사용한자면, '존엄사'는 안락사(euthanasia)와 연관되는 듯싶다. 사실, 이것부터가 간단하지 않다. 이 말은 본래부터 현대적 구분처럼 여럿이 아니었다. 인터넷 검색결과만 보더라도 안락사 개념은 '편안한 죽음'*(eu : easy + thanatos : death)*이라는 그리스 어원과 사뭇 다르다. 안락사 반대론자들은, 이 개념이 '안락살해'로 변질되었다고 한다. 찬성론자들은 '자비로운 행위', '존엄성을 지키기 위한 조치'라는 표현을 쓰면서 합법화를 시도한다. 몇몇 국가에서는 안락사를 합법화한 경우도 있다.

일반적으로, 안락사는 환자 의지에 따라, 시술방식에 따라 다르다. 환자 또는 가족의 의지를 따라 자의적, 비자의적 안락사(voluntary / involuntary euthanasia)로 구분할 수 있다. 시술방법에 따라 적극적, 소극적 안락사(active / passive euthanasia)로 나뉜다. 적극적 안락사는 약물의 투여 등을 통한 안락사를 말한다. 소극적 안락사는 치료행위의 중단에 가깝다. 그런가하면, 최근에는 죽음의 의사(Dr. Death) 커보키언(Jack Kevorkian)사건으로 알려진 '의사조력자살' (PAS: Physician Assisted Suicide)이라는 개념이 적극적 안락사에 추가되기도 한다.

과연 존엄사는 안락사의 일종인가? 혹은 별개의 것인가? 극단적으로 오리건 주(州)의 존엄사법이 말하는 존엄사는 의사조력자살(PAS)에 해당한다. 유럽 국가들에서도 존엄사를 의사조력자살의 개념과 연관짓는 경향이 나타난다. 만일 우리 현실에서 존엄사를 말할 때, 오리건 용법을 적용하려 한다면, 이는 결코 찬성할 수 없다. 그것은 명백한 생명유린이요 하나님의 생명주권에 대한 도전이다. 논리상, 자살과 다름이 없기 때문이다. 이는 '존엄'의 이름을 남발하는 것이요 과잉표현일 뿐이다.

우리를 혼란스럽게 하는 대부분의 경우는 '소극적 안락사' 혹은 '존엄적 안락사'라는 용어가 사용되는 경우이다. 그동안 존엄사를 소극적 안락사와 같은 의미로 보았던 것이 사실이다. 하지만, 최근에는 존엄사와 안락사를 구분해야 한다는 입장이 두드러진다. 존엄사를 말기환자에 대한 연명치료 중단으로 보자는 것이다. 솔직히, 혼란스럽다. 언론이라고 다르지 않다. 존엄사를 소극적 안락사로 설명하기도 하고 혼용하는 경우도 있다. 심지어 전혀 연관이 없는 뇌사 개념까지 동원하는 경우도 있었다. 시간이 흐를수록 존엄사는 안락사와 다르다고 말하는 흐름이 감지된다. 이를테면, 안락사가 적극적으로 환자의 목숨을 끊는 것이라면 존엄사는 기계장치를 제거함으로써 자연스럽게 사망하도록 하는 것이라고 말이다.

그리고 안락사를 다의적 개념이라고 말하기 시작했다. 어느 일간지는 이렇게 말한다. '약물 등을 투여해 죽음에 이르게 하는 적극적 안락사와 달리 환자에게 필요한 의학적 조치를 하지 않거나 인위적인 생명연장 장치를 제거함으로써 자연적으로 죽도록 하는 것을 소극적 안락사라 부른다. 비슷한 개념으로 존엄사가 있다. 회복가능성 없는 말기환자나 식물인간상태의 환자에게 연명조치에 불과한 의료행위를 중지해 인간으로서 존엄을 유지하면서 자연적으로 죽음을 맞도록 하는 것이다. 전문가들 사이에선 두 개념이 동일시되기도 한다.'[1]

이러한 혼란, 즉 존엄사와 안락사의 개념적 연관성을 부추긴 것은 의료계이다. 의사협회(이하, '의협')는 그동안 소극적 안락사의 합법화를 요구해 왔다. 의협이 발표한 보도자료에도 그 흔적이 역력하다. 발표문은 '치료가 불가능한 환자의 안락사를 인정한 첫 판결'이라는 표현을 사용했다. 이러한 개념인식을 토대로, '회생 가능성이 없는 환자에 대해서 소극적인 안락사를 허용한 것은 국가사회적으로 필요하다'는 환영의 입장을 밝힌 것이다.[2]

실제로, 의협의 지침 제18조는 '의학적으로 의미없는 의료행위의 중단 등'이라는 소제목아래 이렇게 말한다. '의사는 의료행위가 의학적으로 무익, 무용하다고 판단된 회생가능성이 없는 환자에 대하여, 환자 또는 그 보호자가 적극적이고 확실한 의사표시에 의하여 환자의 생명 유지치료 등 의료행위의 중단 또는 퇴원을 요구하는 경우에 의사는 의학적, 사회통념적으로 수용될 수 있다고 판단되면 그들에게 충분한 설명을 하고 법령이 정하는 절차와 방법에

---

1) 서울신문. 2008.2.20일자 〈안락사문제 바로 볼 때다〉
2) 대한의사협회, 보도자료(2008.11.28) www.kma.org에서 인용

따라 그 의료행위를 보류, 철회, 중단할 수 있다.'[3] 2002년 대한의학회가 제안한 '의사윤리지침'은 이것을 구체화하고자 했으나 여러 사정으로 큰 진전은 없었다. 소극적 안락사와 구분해야 한다는 목소리가 나온 것은 최근의 일이다. 안락사에 대한 국민감정을 염두에 둔 탓인지 혹은 가톨릭의 관점을 십분 활용한 것인지 몰라도, 의료인들 사이에 존엄사를 안락사와는 별개의 것이라고 말하는 경향이 두드러지고 있다.

그렇다면, 기독교는 어떤 입장을 취하고 있는가? 아쉬운 대목이다. 기독교 매스컴조차 일반적으로 말하는 것을 반복하고 있을 뿐이다. 예를 들어, 유력한 기독교 일간지는 이렇게 보도했다. '존엄사는 말 그대로 품위있는 죽음을 뜻한다. 의학적인 치료를 다했음에도 불구하고 돌이킬 수 없는 죽음이 임박했을 때 의학적으로 무의미한 연명치료를 중단함으로써 자연스럽게 죽음을 받아들이는 것으로 정의된다. 소극적 안락사는 사망이 임박한 환자에 대해 생명유지에 필요한 처치를 하지 않거나 생명연장장치를 제거하는 것을 의미하는데 존엄사와 혼용되기도 한다.'[4] 기독교의 독창적인 관점을 소개하지 못한 이유가 이해되지 않는 것은 아니다. 기독교의 입장이라는 것이 하나로 모아져있지 않기 때문일 것이다. 하지만, 아쉬움이 남는 것은 어쩐 일일까. 교회의 입장을 대변하는 이야기가 보도되리라 기대하는 것은 무리일까. 교회 안에서, 진지한 성찰이 필요한 이유가 여기 있다.

필자가 보기에, 존엄사라는 용어부터 토론해 보아야 한다. 소극적 안락

---

3) 의사윤리지침. 제18조. 2001. 대한의사협회. http://www.kma.org
4) 국민일보. 2008.11.28일자 〈존엄사와 안락사, 무엇이 다른가〉

사인가? 혹은 치료중단인가? 안락사 개념이 단순하지 않은 것처럼, '치료중단'이라는 것도 다의적이다.[5] 안락사가 환자의 의사와 시술방법에 따라 구분된 것과 유사하게, 치료중단은 특성과 대상에 따라 구분된다. 행위의 특성에 따라 치료중단은 세부적으로 나뉜다. '심폐소생술을 하지 않음', '인공호흡기를 뗌', '수액이나 영양을 공급하지 않음', '투약을 중단함', '수혈을 중단함', '투석을 중단함' 등등 행위의 특성에 따라 치료중단의 종류가 구분된다. 또한 치료대상에 따라 구분되어야 한다. '신생아 중환자의 치료중단', '연명환자 치료중단' 등 그 대상에 따라 구분되어야 한다.

　　'치료'의 개념 또한 더 깊은 성찰이 필요하다. 과거에는 건강의 회복을 뜻했지만, 의료기술이 발달한 현대사회에서는 그 개념 자체가 복잡하다. 치료의 범위가 넓어져 '병의 악화 속도를 늦추는 것'이나 '죽지 않게 함'을 포함한다. 이러한 치료의 과정은 육체적으로, 정신적으로 고통을 수반한다. 어떤 경우에는 치료를 계속하는 것이 바람직한가를 물어야 하는 상황도 생겨난다. 존엄사 문제가 논의된 배경이 여기 있다. 주로 '무의미한 연명치료의 중단'에 해당한다. 의료인들에 따르면, 연명치료가 환자를 오히려 고통스럽게 하는 경우가 많다고 한다. 그렇다면, 과연 치료중단을 소극적 안락사로 볼 것인가 혹은 별개로 보아 '존엄사'라는 이름을 붙여야 하는가? 이른바 존엄사를 '소극적 안락사'로 볼 것인가 혹은 '무의미한 연명치료의 중단'으로 볼 것인가에 대한 성찰과 토론은 꼭 필요하다.

---

5) 　유호종, '연명치료중단의 정당성 근거와 조건' 〈의료 · 윤리 · 교육〉 제8호. (한국의료윤리교육학회, 2002) 2면

대부분, 존엄사라는 말을 거부감 없이 사용하는 것과 달리 존엄사 개념을 사용해서는 안 된다는 주장도 있다. 무의미한 생명연장이라는 논리로 생명의 가치를 상대화하거나 생명과 삶의 질을 비교하려는 태도는 비판을 받아야 한다는 것이다. 존엄사를 둘러싼 논란의 핵심은 소극적 안락사의 허용 여부 문제라는 생각이다. 다만, 성급하게 허용여부의 결론에만 매달리는 태도는 경계해야 하며 합리적인 토론 내지 절차와 과정에 대한 성찰이 중요하다고 한다. 더구나 개별법원의 재판에 맡겨 둘 것도 아니라는 점에서, 소극적 안락사 허용여부에 대한 논의가 사회적 공론과정을 거쳐 국회에서 매듭을 지어야 한다는 주장이다.[6] 참고할만한 대목인 듯싶다.

---

6) 동아일보. 2008.12.4일자, 〈동아광장, 존엄사 핵심은 '소극적 안락사'〉

3. Why: 쟁점과 기독교적 이유들

우리가 아는 것처럼, 한국교회는 '하나님의 생명주권'은 말하면서도 구체적인 가이드는 형편없이 빈약하다. 다양한 목소리가 너무 많을 뿐이다. '소극적이든 적극적이든 어떤 형태의 것이라도 안락사 자체를 반대한다'는 주장에서 '존엄사를 수용해야 한다'는 입장까지 너무 다양하다. 신앙인과 목회자, 그리고 교단에 따라 각개전투를 벌이는 듯싶을 정도로 '너무' 자유롭고 다양하다. 아니, 안타깝다고 하는 것이 옳을 듯싶다. 이것은 또한 한국교회가 존엄사 문제를 간단히 보아서는 안 되는 이유이기도 하다.

기독교 안에도 존엄사에 대한 찬반은 엇갈린다. 정확하게 어느 정도인지는 측정할 수 없지만, 신중론이 우세하다고 보는 것이 타당할 듯싶다. 그러나 존엄사에 대한 찬성의 목소리 또한 분명히 있다. 굳이 이 문제에까지 진보 · 보수 사이의 해묵은 편 가름을 적용하고 싶지는 않지만, 그러한 구분이 적용될 경향이 나타나기도 한다. 가령, 복음주의를 자처하는 경우, 대부분 존엄사에 신중한 입장에 속한다. 물론 복음주의자들 중에도 존엄사 찬성론이 없지는 않다. 심지어 소극적 안락사 허용을 찬성하는 경우도 있다.

찬성론의 가장 기본적인 관점은 환자의 의사를 존중해야 한다는 점일 것이다. 물론, 이 부분에서 우리의 현실은 생전유언을 비롯한 법률적 절차에 대한 규정이 전무하다고 볼 수 있기에 앞으로의 논의에서 사회적 합의가 필요하다. 대부분은 '추정동의'로 갈음하는 경향이 있다. 하지만 추정동의가 과연 타당한 것인지, 어느 정도나 합법화할 수 있는 것인지, 어떤 근거에 의해 입증

할 수 있을지 등 생각해 볼 문제가 남는다.

또한 환자와 그 가족의 여러 고통을 무시해서는 안 된다는 것도 중요한 이유가 된다. 존엄사를 연명치료와 같은 의미라고 본다면, 결국 연명치료가 환자에게 육체적 고통만 더할 것이라고 생각할 가능성이 있다. 이 경우에는 연명치료의 중단이 환자의 고통을 덜어주는 행위라고 평가될 것이다. 또한 치료비를 포함한 경제적 고통 및 가족으로서 육체적 고통에 신음하는 환자에 대한 정서적 연민까지 고려해야 한다는 주장이 가능해진다.

어떻게 보면, 존엄사 찬성론이 제시하는 이유들은 특별히 기독교적인 것이라고 적시할 만한 것은 없어 보인다. 일반적인 찬성론과 별 차이가 없어 보인다는 뜻이다. 그렇다고 찬성론 자체를 가볍게 본다는 뜻은 아니다. 실제로 찬성론자들의 의견 중에 향후 사회적 논의에서 충분히 반영되어야 할 요소들이 적지 않다. 더구나 미국 상당수 주(州)에서 채택하고 있는 자연사법에 견주어 볼 때, 존엄사 논의에서 자연사를 하나님의 뜻이라고 말하는 대목 등 몇 가지 부분에서 기독교적 요소를 찾을 수 있을 것이다.

일반적으로 한국교회는 존엄사에 관한 신중론 혹은 반대론에 기울어져 있는 듯싶다. 기독교의 다양한 목소리 중에서 수치상으로 어느 정도일지는 가늠하기 어렵지만, 존엄사를 안락사와 연계시켜 반대하는 비율이 상당수 되리라 추측해 볼 수 있다. 존엄사에 대한 신중론 혹은 기독교의 반대론에서는 다음 몇 가지 이유들이 제시할 수 있다.

첫째, 존엄사는 안락사에 해당한다는 생각이다. 아이러니 하게도, 존엄사를 찬성하는 의협이 소극적 안락사라는 말을 사용했지만 반대론의 논리 역시 같았다. 의협과 반대론의 차이는 찬반 입장에서만 차이가 있을 뿐이다. 반대론의 이유로 가장 먼저 떠오르는 것은 하나님의 생명주권에 입각한 생명존엄의 정신이다. 가령, 제5계명을 중심으로 자살을 포함하는 살인행위에 대한 금지가 성서적 근거를 가진다는 것이다. 혹은 램지(P. Ramsey)가 말한 것처럼, 생명의 조작 자체가 '하나님 노릇'(playing God)[7] 하려는 불경이라는 점을 응용하여 안락사가 기독교 신앙에 위배된다고 말하기도 한다.

둘째, 실용적 접근에 대한 우려이다. 이는 첫째 이유에서 파생된 논리적 결과이다. 생명의 문제를 경제적 이유 등 실용적 이유에 의해 결정해서는 안 된다는 것이다. 이러한 반대론에는 경제적 요인이 큰 부담이기는 하다. 치료비용의 부담을 포함하여 사회적 비용에 관한 합의가 요구되는 대목이다. 그러나 따지고 보면, 찬성론이나 반대론 모두 부담스럽기는 마찬가지이다. 찬성론에는 윤리적 부담이, 반대론에는 현실적 부담이 있다. 특히, 찬성하는 쪽에서는 윤리적 부담감을 털어 내려 해서는 안 된다. 여론조사를 하면 찬성 쪽이 우세할 것이라고 장담하는 것은 윤리적 진실과 옳음을 생략하는 것이기 쉽다. 이 점에서, 시민사회일수록 민주적 절차에 의한 신중한 접근과 공론화가 절실히 요청된다고 하겠다.

셋째, 남용의 우려가 크다는 생각이다. 미끄러운 경사길 논증을 생각해 보자. 경사진 미끄러운 길에는 아예 발을 들여놓지 말아야 한다. 한 발이라도 들여놓으면, 관성에 의해 몸 전체가 미끌어질 수밖에 없기 때문이다. 마찬가지로, 소극적 안락사를 존엄의 이름으로 허용하는 순간 모든 종류의 안락사를

---

7) Ramsey, P., *Fabricated Man: The Ethics of Genetic Control* (Yale University Press, 1970), p.138.

허용하자는 목소리가 터져 나올 것은 분명하다.

또 하나의 문제는 가역성에 관한 것이다. 최악의 상황인 뇌사는 비가역성을 전제로 한다. 그렇다면, 뇌사를 제외한 모든 경우는 가역성으로 보아야 하는 것은 아닐까. 식물상태에서 회복된 경우들이 있지 않은가. 더구나, 대부분의 식물인간은 자발호흡이 가능하나 의식이 없을 뿐이므로 인공호흡기를 달지 않는 경우가 더 많다. 연명치료의 중단을 인공호흡기 제거로 생각하기 쉽지만, 오히려 인공호흡기에 의존하는 식물인간은 많지 않다. 자발적 호흡이 가능하고 의식이 불명인 상태의 중환자를 대상으로 존엄사를 말하는 것은 결국 소극적 안락사일 수 있다. 우리나라의 경우, 뇌사에 대해 엄격한 기준을 적용하여 장기이식을 전제로 하는 경우에만 뇌사판정위원회를 통해 뇌사를 허용하고 있다. 하물며 자발호흡이 가능한 식물인간에게는 더욱 엄격한 기준을 적용해야 마땅하지 않겠는가. 존엄의 이름이 남용될 여지를 차단해야 한다는 뜻이다.

하지만, 존엄사와 소극적 안락사를 구분해야 한다고 말한다면, 문제는 달라질 수 있다. 안타깝게도, 기독교는 이 문제에 대해 별 생각이 없었다. 당연히 소극적 안락사의 하나로 생각해왔다. 교회가 이번 판결을 둘러싸고 그다지 호감을 표시하지 않았던 이유도 여기 있다. 존엄사가 소극적 안락사와는 전혀 다른 것이라는 주장을 마주했을 때, 교회는 당혹스러웠을 것이다. 이 부분에서는 기독교 안의 의견이 분분하다.

그 사이에 가톨릭은 분명한 입장을 밝히면서 이야기를 주도했다. 소극적 안락사와 존엄사는 다르다는 것이다. '가톨릭교회에서는 무의미한 연명장치를 거부하는 것은 가능하지만 영양공급을 중단한다던지, 기본적인 간호를 중단하는 것은 존엄사가 아니라 안락사에 해당된다고 본다.'고 한다. 동시에 존엄사라는 말은 모든 식물인간에게 적용되는 것이 아니고 더 이상 회복이 불가능하고 죽음이 임박한 환자에게 과도한 치료나 예외적인 수단으로 생명을 연장시키는 무의미한 연명치료의 중단을 결정한 것이라는 단서까지 달았다. 그리고 '이런 판단이 남용될 여지가 많기 때문에 더 논의를 해서 윤리적, 사회적으로 문제없는 기준을 마련해야 한다.'는 훈수까지 두었다. [8]

---

8) 중앙일보. 2008.12.1일자 〈가톨릭계 "소극적 안락사와 존엄사는 다르다"〉

4. How: 기독교적 대안은?

존엄사. 싫든 좋든, 이미 우리는 그 논쟁에 휩쓸리고 있다. 찬성 혹은 반대 어느 쪽에 속하든지, 중요한 것은 단칼에 정리하려는 성급함이 아니라 사회적 합의를 거쳐야 한다는 점이다. 찬성과 반대를 구분하여 편 가름을 하기보다 합리적인 토론이 필요하다는 뜻이다. 특히 대안에 초점을 맞추어야 한다. 이미 법원은 판결을 통해 말했고 국민의 여론조사는 다수의 찬성으로 나타나 있다. 지금 우리에게 필요한 것은 판결에 대한 시비가 아니라 대안의 모색이다. 이를 위해 기독교적 관점에서 생각해 볼 문제를 제안하고 싶다. 바라기는 이러한 논의들이 기독교 안에서 활성화되어 존엄사에 관한 사회적 합의과정에 충분한 영향력으로 나타날 수 있으면 좋겠다.

첫째, 기독교는 오피니언 리더의 책임을 다해야 한다. 스택하우스(Max L. Stackhouse)가 말할 것처럼, 공공의 문제에 대한 관심을 포기할 수는 없다.[9] 시민 사회의 이슈들에 관해 교회는 충분한 자기입장을 표명할 뿐 아니라 바람직한 방향을 잡을 수 있도록 최선을 다해 참여하는 것이 마땅하다. 오피니언 리더로서의 교회를 말하는 이유가 여기 있다.

과연, 존엄사와 소극적 안락사의 관계를 '같다'고 하거나 '다르다'고 하는 것은 누가 어떻게 결정해야 하는가? 일례로, 하급심 판결이후 법률적 절차가 진행되는 와중에 주무부서에서는 여론조사 후 대책을 내놓겠다고 했고, 이

---

9) 새세대 교회윤리연구소 편, 〈공공신학이란 무엇인가?〉(북코리아, 2007) 우리 연구소가 초청했던 공공신학자 Max L. Stackhouse의 강연문(9~28면)을 참고할 것.

와 관련된 용역이 이미 진행 중이라고도 했다. 그리고 고등법원의 판결에 대해서는 너무나 당연하다는 듯 사회적 관심이 그리 크지 않았다. 더구나 관련 기관에서 이미 내놓은 자료들을 참고하면 굳이 또 다른 여론조사가 필요한 것이었는지 의구심이 들 정도이다. 우리나라 사람 열의 아홉이 존엄사를 찬성하고 있으며, 그 수치가 과거에 비해 상승세를 보인다는 조사결과는 이미 있었다.[10] 묻고 싶다. 여론조사, 그것은 항상 옳은가? 충분한 정보에 입각한(well-informed) 여론조사가 아니라면, 문제가 있다.

필자가 보기에, 존엄사 문제는 여론조사만으로 결정해서는 안 된다. 시민사회의 민주적 절차를 따라 사회적 공론화를 거쳐야 마땅하다. 이 과정에서 어느 한 쪽을 매도하거나 몰아세우지 않아야 한다. 다수의 의견이라고 밀어붙여서도 안 된다. 충분한 토론과 찬반논변이 진행되어야 옳다. 시민사회의 여러 영역들로부터 충분한 의견이 수렴되어야 하고, 종교적 견해, 특히 기독교의 관점이 반드시 포함되어야 한다. 이를 위해 교회가 준비해야 할 부분이 분명히 있다. 교회 안에서부터 충분한 성찰과 소통이 있어야 한다. 그리고 설득력 있는 대안을 마련하여 공론 영역에서 영향력을 발휘해야 할 것이다.

둘째, 생명존엄의 실천적 대안을 제시해야 한다. 존엄사 판결을 둘러싸고 환자의 자율권 존중을 위한 여러 절차와 법적 장치들이 소개되고 있다. 예를 들어, 생전유언(living will), 사전지시서(advanced directives)를 포함한 자연사법에 관한 논의 등 여러 주제들에 관해 기독교의 관점들이 종합적으로 정리되고 교

---

10) 국립암센터가 코리아리서치에 의뢰해 성인남녀 1천명을 대상으로 실시한 여론조사에서 응답자의 87%가 찬성했고 10%가 반대했다. 찬성비율은 지난 2004년 조사보다 5%이상 높아진 수치다. 동아일보. 2008.10.29일자 〈"국민 10명중 9명 '존엄사' 찬성"〉

회 안에서 소통되어야 한다. 아울러 호스피스를 포함한 적극적 대안이 교회를 통해 보다 폭넓게 수용되고 구현되어야 한다. 한 사람의 신앙인으로, 그리고 생명공동체로서의 교회가 할 수 있는 일이 무엇인지 구체적이고 본격적으로 고민해야 할 시점이기 때문이다.

말기환자의 연명치료, 그것도 식물인간 상태에 빠진 경우. 이것이 우리의 문제이다. 중환자실의 말기환자에게 의식이 있다면 호스피스를 권할 수 있을 것이다. 그것이 기독교적 생명윤리의 대안으로 생각되기 때문이다. 하지만, 의식을 잃어 자기의사를 표현할 수 없는 연명치료 환자의 경우, 문제는 간단하지 않다. 물론, 의료진이 최선을 다했고 충분한 정보를 제공했으며 진솔한 상담의 기회가 보장되었다는 전제가 충족되어야 한다. 이 경우, 가족들은 여러 요소들로 인해 그 심경이 복잡해 질 수 있다. 예를 들면, 끝까지 최선을 다해야 한다는 아시아적 가치관, 하나님의 생명주권에 관한 신앙적 근거, 그리고 치료비를 포함한 경제적 이유 등이 복합적이고 상충적으로 작용할 것이다. 이러한 현실의 요소들을 충분히 고려하여 하나님의 생명주권을 존중할 수 있는 대안이 절실한 시점이다.

5. 존엄사, 공부해야 할 문제다

존엄사에 관한 사회적 논의. 그것은 거부할 수 없는 시대적 흐름일 수 있다. 기독교는 이 과정에서 책임적인 오피니언 리더가 되어야 마땅하다. 반대가 분명한 소신이라 할지라도 일방적으로 반대한다는 이미지를 심어주기보다 합리적인 이유와 근거를 보여 줄 수 있어야 한다. 찬성하는 입장 역시 마찬가지이다. 바람직한 것은 교회 안에서 충분히 소통되는 것이다. 찬성론과 반대론이 타당한 신학적 근거 위에서 논의되어야 하며, 이러한 소통으로 얻어지는 결과를 토대로 삼아 시민사회와 소통하는 것이 순서일 듯싶다.

이를 위해서는 '공부'해야 한다. 물론, 우리의 삶 자체가 '공부'의 연속이겠지만, 교과과정으로서의 교과서적 공부 외에 해야 할 것이 있다. 깊은 성찰과 묵상, 그리고 성서적 고찰은 결코 생략되어서는 안 된다. 더구나 즉흥적인 생각 혹은 여론의 추이에 휩쓸리는 의견만으로 찬반을 말해서는 곤란하다. 공부해야 한다. 타당한 이유와 성서적 근거를 찾기 위한 노력이 기초가 되어야 한다는 뜻이다. 이 부분에서 한국교회 목회자들과 신앙인들의 노력을 기대해 본다.

의사가 말하는 존엄사

단국의대 의료윤리학 교수 정유석

1. 글을 열며

죽음에 대한 여러 종교의 가르침이나 철학적 사유에도 불구하고 죽음의 실체를 설명하거나 입증하는 것은 어려운 일이다. 죽음은 모든 인생의 마지막 통과의례요 다시 돌아와 설명할 수 없는 불가역적 과정이기 때문이다. 죽음에 대한 인간의 원초적 두려움은 죽음의 과정을 전혀 예측할 수 없다는 데서 오는 '무지'에 대한 두려움이다. 인간이 자연법칙에 순응하며 살 수 밖에 없었던 과거에는, 죽음이란 절대의 두려움일 뿐 거역의 대상이 아니었다. 하지만 첨단 의학기술의 발달은 죽음을 극복해야 할 대상으로 새롭게 '자리매김' 하고 있다.

인공적 영양공급기술의 발달과 인공호흡기와 같은 생명유지장치의 개발은 회복 가능성이 없는 의식불명 환자의 생명을 원하는 기간만큼 연장시킬 수 있도록 하였다. 이에 따라 고통 속에 서서히 죽어가는 환자들의 죽음을 앞당겨 달라는 안락사에 대한 요청이 적지 않게 제기되고 있다. 십계명의 하나이기도 한 '살인하지 말라'는 윤리규범은 전쟁이나 정당방위와 같은 예외를 제외하고는 시대와 인종을 초월하여 모든 인류, 특히 생명 유지를 돕는 직업인 의사들에게 절대적인 가치이다. 그러나 고통스런 날들이 무의미하게 연장되는 경우에 대하여 환자들은 '(고통 없이) 죽을 권리'를 요구하게 되었고 이러한 변화는 의사들의 전통적 윤리규범을 심각하게 위협하고 있다.

뇌수술 후 환자의 호흡기를 떼 달라는 보호자의 요청에 못 이겨 이를 따랐던 의사가 살인방조죄라는 실형을 선고 받았던 1997년 보라매병원 사건

이후, 10여년 만에 연세의료원 환자에 대한 법원의 첫 존엄사 인정 판결이 나오면서 존엄사에 대한 사회적 논의에 불이 붙기 시작했다. 환자인 김 씨는 식물인간 상태로 의식이 없는 상태에서 법적 대리인인 보호자들은 치료 중단을 원하고 있고 법원에서도 호흡기의 제거를 합법으로 인정한 셈이므로 이제 연세 의료원 측에서 실행에 옮기기만 하면 국내에서 처음으로 합법적인 존엄사가 실행되는 셈이다.

이에 대해 연세의료원 측은 법원의 판결에 불복하고 항소했고 고등법원의 판결 역시 유사한 결과로 나타났다. 법원의 판결이 연명치료를 받고 있는 모든 환자에게 보편적으로 적용되는 것이 아니라 김 씨 사건에만 해당하기 때문이라는 것이 연세의료원 측의 항소이유였다. 연세의료원의 관계자는 이번 판결이 연명치료 분쟁이 끊이지 않는 의료현장에 접목되기 위해 구체적으로 연명치료를 거부한 환자 의사를 확인하기 위한 사전의사결정서(advance directives) 제도의 도입, 병원윤리위원회 등 병원 내 심의 기구를 통한 신중하고 절차적인 결정 등 연명치료 중단의 객관적 기준 정립이 필요하다고 주장하였다. 즉, 이번 사건을 계기로 미국의 카렌 퀸란 사건처럼 존엄사의 객관적 기준에 관한 사회적 합의를 도출해 내겠다는 것이 상고의 주된 이유였던 것이다.

그동안 소극적 안락사(혹은 존엄사)에 대하여 원칙적인 반대 의사를 표명해 왔던 기독교, 특히 복음적 신앙을 표명하는 교회일수록 기독교 병원인 연세 의료원의 이러한 주장이 다소 혼돈스러울 것이다. 필자는 본 글을 통해서 우리 사회가 본격적인 존엄사 논쟁에 들어가기에 앞서 반드시 알아야 할 의학적 진실들을 설명함으로써 보다 합리적이고 치우침 없는 판단을 내릴수 있도

록 성찰의 기회를 제공함으로써 생명존엄을 위한 교회의 노력에 기여하고자
한다.[1)]

---

1) 본고의 내용은 필자가 번역한 R. Munson의 책, '의료문제의 윤리적 성찰' (단국대학교출판부, 2001)중 안
    락사 부분과 필자의 다른 글 '안락사, 과연 최선의 선택인가?' (미래혁명이 시작되었다. 범우사 간, 2002),
    그리고 '삶의 질과 안락사, 기독교 의료윤리의 관점' (정유석, 기독교사회윤리. 2000)을 중심으로 일반인
    들이 이해할 수 있는 내용으로 수정보완하여 작성한 것이다.

2. 죽음의 정의

　　의학기술의 발달과 신약 및 새로운 치료법의 개발로 인하여 죽음의 시점을 어떻게 결정할 것인지에 대한 문제가 발생하였다. 회복 불가능한 혼수상태나 만성 식물인간 상태로 오랫동안 의식불명 상태인 환자가 인공호흡기로 심장과 폐기능이 유지되고 있다고 하자. 하루에 수십 만 원씩의 중환자실 비용을 감당할 능력이 없는 가족이라면 어떻게 해야 하나? 회복의 가능성이 있다면 모르되 살아있는 사람이라도 살아야 한다는 목소리에 대하여 생명이 소중하다는 주장만 되풀이해도 되는가? 이것이 연세 의료원 사례를 포함하여 공개되지는 않았지만 지금도 전국에서 진행 중인 수십 건의 연명치료 과정에서 그 가족과 의사들, 그리고 법원이 직면해야 했던 질문이다.

　　현대 의학의 발달에 따라 장기이식이 보편화 되면서 의식불명 환자의 장기적출 시기가 죽음의 시점에 대하여 사회적 합의가 필요한 중요한 이유가 되었다. 만일 식물인간 상태인 환자를 살아있다고 본다면, 장기를 얻기 위해서 그를 죽이는 것은 도덕적으로 명백한 잘못이다. 그러나 어느 나라에서 장기이식을 원하는 환자는 많고 기증되는 장기가 매우 부족하여 국가가 장기 확보를 위하여 식물인간 상태를 죽음으로 간주하는 입법안을 만든다면 어떨까? 그렇게 되면 장기를 필요로 하는 사람의 생명을 살리기 위해서 환자의 장기를 떼어내는 것을 반대할 근거가 없어진다. 위에서 제기한 것과 같은 문제들은 죽음이 무엇인지를 새롭게 정의하려는 다양한 시도를 낳았다. 지난 20년 동안 죽음에 대한 4가지 개념 혹은 해석이 생겨났다.

1) 전통적 개념

숨이 멈추고 심장 박동이 멈추면 사망으로 규정하는 개념이다. 따라서 사망이란 영구적인 호흡중단과 혈액의 순환 중단으로 정의된다. 이 해석은 '심폐 사망설'로 알려져 있다.

2) 전뇌(뇌 전체)의 사망 [2]

모든 뇌기능이 비가역적으로 완전히 중단된 경우를 사망으로 규정하고 있다. 뇌의 전기적인 활동이 완전히 중단된 경우를 말하며, 뇌간도 기능이 없는 것이다. 실제에 적용을 할 때는 뇌파측정기나 영상진단법을 사용한다.

3) 고위 뇌기능의 상실

영구적인 의식손상을 사망의 기준으로 보는 개념이다. 따라서 비가역적인 혼수상태에 있는 사람은 뇌간이 호흡조절이나 심박유지 기능을 하고 있더라도, 죽은 것이다. 임상적으로 적용하는 데는 역시 뇌파측정기나 영상진단법이 필요하다. 따라서 환자가 이런 검사에서 특정한 소견을 보일 때 의식을 되찾을 확률이 얼마인지가 관건이다.

4) 인간성의 상실

죽음은 개인이 인간성을 상실할 때 일어난다. 개인의 정체성을 구성하는 데 필수적인 요건을 잃어버리거나, 혹은 인간이 되는 데 데 필수적인 것을

---

2) 능동적 혹은 수동적 안락사 대신 '적극적' 안락사, '소극적' 안락사라는 용어가 흔히 사용되기도 한다.

잃게되면 죽은 것이다. 판단력, 기억력, 감정, 미래에 대한 감각, 타인과의 관계 등등의 복합체가 인간의 정체성이나 인간됨을 정의하는 데 이용된다. 이 개념을 적용해서 죽음을 정의하는 데 사용이 되는 기준은 뇌의 기능에 대한 데이터보다는 개인이 발휘하는 기능과 관련되어 있다.

죽음의 전통적 정의인 심폐 사망은 존엄사 논란에 있어서 논의의 대상이 되지 않는다. 문제는 전뇌 사망과 고위 뇌기능의 상실에 해당하는 경우인데, 양자 간의 구분은 실제 임상에서 그리 용이한 것은 아니며, 장기 적출이 가능한 법적 기준인 뇌사의 시점을 언제로 할 것인지를 결정하는 일도 의학적 난제에 해당한다. 수십 년째 의식이 없는 소위 식물인간 상태인 환자들의 경우는 대부분 기본적인 뇌파가 포착되는 소위 고위 뇌기능 상실의 상태이며, 전뇌 사망의 경우에도 세포단위에서의 간헐적인 전기 활동은 나타날 수 있기 때문이다. 결국, 존엄사 논의의 주요 대상은 고위 뇌기능을 상실한 식물인간 혹은 전뇌 사망의 환자들이 될 것이다. 현행 국내법상에서 인정하는 죽음의 정의는 심폐사망설이며 장기 이식법에 해당하는 경우에 한해서 전뇌 사망을 예외적으로 인정하고 있다. 즉, 고위 뇌기능 상태인 환자를 어떤 방법으로든 사망에 이르게 한다면 현행법상 '살인'에 해당하는 것이다.

3. 안락사와 존엄사

안락사(安樂死)의 그리스어 원뜻(Euthanasia)은 바로 '좋은 죽음'(good death)
이라는 의미이고 영어로는 'easy death'에 더 가까운 뜻이다. 웹스터 새 국제
사전(New International Dictionary, 1976)에서는 '치유될 수 없는 상황이나 질병으로
커다란 고통이나 어려움을 안고 있는 사람을 아무런 고통을 주지 않고 죽여주
는 행위나 관행'으로 정의하고 있다. 여기에는 환자의 최선의 이익을 위하여
시행된다는 것이 전제가 되어야 하는데, 이 전제가 없다면 제 삼자의 이익을
위하여 이루어지는 살인도 해당될 수 있기 때문이다. 하지만 웹스터 사전의
정의는 의료계와 윤리학계에서 일반적으로 사용되는 안락사의 의미와는 다
소 차이가 난다. 일반적으로 의료윤리학계에서 안락사를 나누는데 사용하는
두 가지 기준은 '사망을 초래한 행위의 부가여부'와 '환자의 선택 유무'이다.

1) 능동적 안락사와 수동적 안락사

누군가의 삶을 종료시킨다는 안락사의 개념 속에는 자기 자신이거나
혹은 다른 사람의 삶이 모두 포함될 수 있으나 전자는 자살이라는 또 다른 윤
리적 문제와 연관되므로 본 논의에서는 제외시키고 안락사를 '한 사람이 다른
사람에게 행하는 죽음의 행위'로 한정하여 고찰하려고 한다. 안락사를 구분하
는 한쪽 축은 행위자의 행위 형태에 따른 분류이다. 행위자가 무엇을 적극적
으로 행하는 경우와 어떤 행위를 더 이상 하지 않는 것에 따라서 능동적 안락
사(active euthanasia)와 수동적 안락사(passive euthanasia)로 구별한다.

이는 한마디로 '죽이느냐'(killing) '죽도록 방치하느냐'(letting die)의 차이이다. 치명적인 극약을 주입한다든지 하는 것처럼 직접적인 방법으로 누군가를 죽이는 것은 능동적 안락사에 해당한다. 반면, 생명의 유지에 반드시 필요한 항생제 처방을 포기한다든지 하여 사망에 이르게 하는 것은 수동적 안락사라 할 수 있다. 즉, 어떤 행위가 '더하여 졌는지' 아니면 '생략 되었는지'의 차이인 것이다. 이 구별은 주로 영미지역의 법전통에서 인정하는 매우 보편적인 분류이며 대부분의 국가에서 특수한 상황을 제외하고는 능동적 안락사는 불법으로, 수동적 안락사는 합법으로 인정하고 있다.

그러나 일부 철학자들은 안락사를 능동과 수동으로 나누는 것이 부적절하다고 주장한다. 양쪽 다 환자의 죽음을 의도하고 있고 죽음의 원인이 될진데 어떤 형태의 원인이냐는 중요한 문제가 아니라는 것이다. 양자 모두 죽음을 의도하고 있다면 적극적 행위를 가하여 고통의 기간을 단축시켜주는 것이 더 윤리적이라는 주장도 있다. 죽어가는 말을 그냥 굶어죽도록 하는 것(소극적 안락사)이 총으로 쏘는 것(적극적 안락사)보다 오히려 더 잔인한 일이라는 것이다. 게다가 양자 간의 구별이 모호한 경우도 있다. 연세 의료원 사례처럼 특별한 생명유지장치(인공호흡기 등)를 제거한 후에 환자가 사망하였다면 이는 능동인가 수동인가? 실제로 진료의 현장에서는 치료의 중단 등의 행위가 죽음의 직접원인인지 간접원인인지를 구별하기 어려운 경우가 존재한다.

2) 환자의 동의여부에 따른 안락사 분류

안락사를 분류할 때 고려해야 할 또 하나의 중요한 고려사항은 환자의 동의여부이다. 윤리는 인간의 자율성을 전제하며, 따라서 그 행위가 타인에게 해악을 끼치지 않는 한 인간의 자율성은 가장 중요한 윤리적 고려사항이다. 자의적 안락사(voluntary euthanasia)란 환자 스스로의 자율적 결정에 의하여 안락사가 시행된 경우를 말한다. 어떤 이가 그의 가족에게 자신이 뇌손상으로 고통을 당하거나 자신의 희망을 이야기 할 수 없을 경우에 특별한 치료를 받지 않도록 해달라는 부탁을 한 경우가 이에 해당한다. 혹은, 어떤 이가 3도 이상의 광범위 화상으로 회생의 가능성이 없을 때 극약을 주사해 줄 것을 요청한 경우도 자의적 안락사에 해당한다. 자신의 결정에 의한 경우라고 하더라도 그 결정이 진정으로 자의적이고 자유선택에 의한 것이었는지에 대한 논의가 필요하다. 예를 들면, 만성질환으로 우울성향이 강하여진 사람의 결정을 자의적 결정이라고 하겠는가 하는 점이다.

비자의적 안락사(non-voluntary euthanasia)란 죽음이 임박한 본인의 의사가 아닌 타인에 의하여 결정되어진 안락사를 말한다. 환자의 의식이 없어서 의사표시가 불가능한 상태이거나 심한 정신장애 등으로 판단 능력이 흐려진 환자의 경우가 이에 해당한다. 이 경우 안락사 요청은 환자의 후견인인 가족, 친지에 의한다. 자의적과 비자의적의 구분이 모호한 경우도 있는데 현재 자율적 의사표시가 불가능한 어떤 사람이 평소에 자신은 특별한 치료로 단순한 생명 연장은 원치 않는다고 표현하였다고 해도 정말 그러한 상황에 처했을 때 심리적인 변화 없이 죽음을 원할 것인가 하는 점이 분명치 않기 때문이다.

반자의적 안락사(involuntary euthanasia)란 본인의 의사에 반하여 행하여진 안락사를 말한다. 죽고 싶다는 의사표시는 없고 오히려 삶의 희망에 대하여 이야기 한 사람이 죽임을 당한 경우에 해당한다. 비자의적 안락사의 정당함을 주장하는 사람들 중에서도 반자의적 안락사를 정당하다고 생각하는 사람은 없다. 또한 비자의적 안락사를 반대하는 사람들의 주장 가운데서도 안락사의 허용 범위가 반자의적 안락사까지 확대될 위험성을 우려하는 경우가 많다. 이상의 분류에 의하면 안락사는 다음의 6가지로 세분화될 수 있으며, 안락사에 대하여 무조건 찬성, 혹은 반대하기 보다는 이들 각각에 대한 윤리적 적합성을 논하는 것이 보다 현실적이다.

●능동 자의적	●능동 반자의적	●능동 비자의적
●수동 자의적	●수동 반자의적	●수동 비자의적

한편, 존엄사(尊嚴死)란 인간으로서 최소한의 품위를 지키면서 죽을 수 있게 허락하는 행위 혹은 그 결과로서의 죽음을 뜻한다. 이는 안락사와 완전히 구별되는 새로운 개념이라기보다는 대부분의 사회에서 금기시되는 '능동적 안락사'에 대한 부정적 이미지와 구별하기 위해서 '수동적 안락사'에 대한 대체 용어로 이해되기도 한다.

3) 일반적 치료와 특수한 치료

회복이 불가능한 말기 환자의 치료 중단과 관련하여 흔히 논의되는 것이 일반적 치료(ordinary treatment)와 특수한 치료(extraordinary treatment)에 대한 것이

다. 일반적 치료란 '그것을 행함으로써 환자의 예후에 어느 정도의 도움이 되
며 경제적 부담 및 불편을 주지 않는 모든 약제 치료 혹은 수술'이며, 특수한
치료란 '상당한 통증이나 비용 혹은 불편이 반드시 수반되며 환자에게 상당한
이익이 된다고 기대하기 어려운 모든 약제 치료 및 수술'로 정의된다. 실제의
의료 현장에 있어서는 환자에게 수분과 영양을 공급하는 정도가 가장 기본적
인 일반적 치료의 예이고, 심폐소생술이나 인공호흡기의 적용 등은 특수한 치
료에 속한다고 본다.

　　안락사 논의에 있어서 일반적 치료와 특수한 치료 개념이 중요한 이유
는 소극적 안락사(혹은 존엄사)에 해당하여 생명유지 장치를 제거하는 경우
라 할지라도 특수한 치료에 대한 중단에 국한될 뿐, 수분과 영양공급 같은 일
반적 치료까지 중단해서는 안 된다는 견해가 대세를 이루고 있기 때문이다.
하지만 이의 구분은 시대에 따라 환자의 상태에 따라서 변할 수 있다. 과거에
는 장비의 희소성 등의 이유로 특수한 치료로 구분되던 것이 의학의 발달에
따라 대중화됨으로써 일반적 치료로 재분류될 수 있기 때문이다. 실제로 현대
의학에 있어서는 인공호흡기를 일반적 치료로 보아야 한다는 견해도 있다.

4. 생명에 대한 유언(living will)

존엄사 논의에 있어서 중요한 기준 중 하나는 환자의 자율적 결정여부이다. 그런데, 현장에서는 존엄사 여부의 결정 대상이 되는 환자는 이미 의식이 없는 경우가 대부분이다. 많은 경우에 환자 자신은 이미 자신의 생명에 대하여 아무런 결정도 내릴 수 없는 상태로 병원에 도착한다. 환자의 자율적 결정에 대해서는 설령 해로운 결정일지라도 존중해 주는 경향이 강한 영미 문화권에서는 자신의 생명에 대한 유언(living will), 혹은 사전지시서(advanced directives)의 작성이 보편화 되어가고 있다.

미국의 경우 '생명에 대한 유언'이란 을 합법화 한 주가 40개 이상으로 조만간에 모든 주가 이를 인정하게 될 것이다. 즉, 감정이나 판단력이 온전한 성인은 의사에게 자신이 '말기'이거나 '죽음이 임박' 했다고 진단되는 경우에는 '기계적인' 또는 '인공적인' 생명연장시술을 보류하거나 중단할 수 있도록 허용하는 사전 유언을 작성할 수 있도록 허용하는 것이다. 생명에 대한 사전 유언의 장점은 미리 개인이 명백한 형태로 자신이 어떻게 치료를 받겠다는 의사를 표시하도록 한 점이다. 이렇게 함으로써 개인의 자율성이 존중되는 것이다. 비록 의식불명이거나 혼수상태가 되었어도 환자는 계속해서 자신의 삶에 대한 통제력을 행사할 수 있다. 이번 연세 의료원 사건의 논의 과정에서 사전지시서에 대한 논의가 국내에서도 시작될 수 있을 것인지 지켜 볼 일이다.

5. 기독교 윤리의 관점에서 본 안락사

전통적 기독교 윤리의 관점은 생명을 보존해야 하는 자연법적 의무에 반하기 때문에 원칙적으로 모든 형태의 안락사에 반대한다. 안락사는 자살이나 살인과 동등한 비도덕적 행위의 범주에 속한다고 본다. 하지만 이 원칙은 언제나 확고한 것만은 아니다. 기독교 윤리 안에서도 가망이 없는 환자의 생명을 연장시키기 위한 무의미한 치료를 무조건 계속해야 한다고 주장하지는 않는다. 만일 가망 없는 환자의 생명을 다소 연장시키기 위하여 특별한 치료가 요구되는 경우라면 환자의 질병이나 상해의 결과로 자연사하도록 내버려 두는 것(letting die)을 허용하며, 스스로 이러한 결정을 할 수 없는 경우에 처한 환자를 대신하여 대리인이 결정해 줄 수도 있다는 견해도 가능하다.

좀 더 상세한 논의를 위하여 안락사의 6가지 분류를 성경적 관점에서 검토해 보자. 능동-자의적 안락사는 환자의 요구에 따라서 의사가 적극적인 행위(치사량의 포타슘, 큐라레의 주입, 일산화탄소의 사용 등)를 가하여 사망케 하는 것으로 기독교 윤리에서는 허용될 수 없는 것이다. 능동-자의적 안락사는 타인의 손을 빌었다는 점을 제외하고는 자살과 다르지 않다. 즉 타인의 도움을 받아 행하는 자살(assisted suicide)인 셈이다. 성경의 원리에 비추어볼 때 자살은 자기 파멸이요 비이성적이고 병적인 행위이다. 그것은 인간 본성에 반하며 부정하는 것이다. 가룟 유다나[3] 사울왕의 경우에서[4] 볼 수 있듯이 자살은 치졸한 현

---

3) 마 27: 5
4) 삼상 31: 4.

실도피의 방편일 뿐이다. 능동-자의적 안락사가 참을 수 없는 고통 중에서 죽음만이 유일한 해결책일 것 같은 환자를 위한 사랑에서 출발한다고 하더라도 선한 목적을 위하여 악한 수단을 사용하는 것을 바울사도는 허락하지 않고 있다.[5] 즉 목적이 수단을 정당화 시킬 수 없으며 선한 목적은 선한 수단을 사용해서 달성해야 하는 것이다.

논의의 가치도 없이, 환자가 살기를 원하는 경우에 시행되는 반자의적 안락사는 가장 비윤리적인 행위이다. 환자의 의사에 반한 안락사의 시행은 나치나 군국주의 독재 하에서나 가능한 일이며 다시는 재현되어서는 안 될 것이다. 본고의 주제인 존엄사에 해당하는 항목이 바로 수동-자의적 안락사와 수동-비자의적 안락사이다. 수동-자의적 안락사는 환자의 요구가 있을 때 생명유지를 위해 필수적인 치료를 중단하여 사망에 이르게 하는 경우로 말기 호흡부전 환자에 대하여 심폐소생술을 시행하지 않기로 결정하여 자연사를 허용하는(letting die) 것이다. 성경은 생명의 유한함과 육체적 죽음 이후의 세계에 대하여 여러 번 가르치고 있다.[6] 따라서 수단과 방법을 가리지 않고 인간의 생명을 무한정 연장시키려는 시도를 지지하지 않는다.

회복이 불가능한 질환을 가진 환자가 중환자실에서 인공호흡기와 각종 생명유지 장치에 몸을 맡긴 채 무의미한 생명 연장을 지속하는 것 보다는 복잡하고 특별한 장치들을 모두 제거하고 집으로 모셔서 가족들이 둘러보는 가운데 하늘나라로 가게 하는 것이 보다 더 성경적이다. 그러나 이 경우에도

---

5) 롬 3: 8.
6) 약 4: 14, 전 3: 19, 사 2: 22.

일반적 치료(ordinary treatment)는 유지되어야 한다. 즉, 최소한의 영양공급과 위생이 유지되도록 하고 통증의 방지를 위한 치료를 제공하여 고통 중에 죽어가거나 굶어 죽도록 방치되는 것은 피해야 한다.

　　환자의 의사가 분명치 않은 비자의적 안락사에 대한 접근은 그리 간단하지 않다. 우선 능동-비자의적 안락사란 환자의 동의 여부가 분명치 않은 경우에 죽음에 이르도록 적극적 행위를 가하는 것이므로 능동-자의적 안락사보다도 더 비도덕적인 행위로 여겨진다. 따라서 수동-비자의적 안락사에 대해서만 고찰해 보기로 하자. 대표적인 사례는 자신의 의사표시를 분명히 할 수 없는 식물인간 상태로 몇 년이고 특별한 생명유지장치에 의존하여 목숨을 연장하고 있는 환자의 경우이다. 이 경우는 환자의 이익이 아니라 제 삼자의 이익 때문에 안락사 시술이 남용될 가능성을 항상 염두에 두어야 한다. 따라서 매우 선별적으로 시행되어야 하며 일종의 필요악으로서 최소한의 문만 열어 놓아야 할 것이다. 이에 대한 가장 이상적인 대안이 생명에 대한 사전 지시서라고 볼 수 있는데, 자신이 스스로의 치료에 대한 결정권을 행사하지 못할 경우를 대비하여 미리 생명에 관한 유언장을 작성하여 놓는 것으로 비자의적 결정을 최소화시킬 수 있는 방법으로 중요성을 인정받고 있다.

6. 성경적 대안, 호스피스

　기독교인의 죽음에 대한 관점은 고통 없는 죽음, 생명연장에의 집착이나 설익은 포기 등에 초점이 맞추어지기보다는, 죽음을 올바르게 맞이하기 위한 준비와 노력이 더 값지다는 것을 기억함에서 출발해야 한다. 죽음은 인생의 마감이 아니라 부활과 영생으로 향하는 새로운 출발이며 하나님의 영원한 통치로 나아가는 새로운 관문이다. 따라서 무의미한 생명연장을 지속해야 할 성경적 의무는 찾을 수 없다. 생명에 대한 관점 또한 나의 소유가 아닌 창조주로부터 위탁받은 것이라는 청지기 의식으로 바라볼 때 비로소 내 마음대로 처분할 수 없는 것임을 깨닫게 될 것이다. 고통을 모면하기 위하여 죽음을 택한다는 것은 지극히 인본주의적 발상이며 욥의 인내를 통하여 볼 수 있듯이 고통의 이면에 숨겨진 것들을 볼 수 있어야 하고, 동시에 고통 중에 임하시는 하나님의 뜻을 찾기 위해 애써야 할 것이다. 맹목적으로 자살, 적극적 안락사 등을 동원해서라도 육체적 고통에서 벗어나는 것을 목표로 하기보다는 믿음의 눈으로 십자가 상의 주님을 바라보며 남은 고난을 채우려는 순교적 삶의 자세가 요구되는 것이다.

　현대 의학은 거의 모든 통증을 '견딜만하도록' 할 정도의 다양한 통증조절법을 내놓고 있다. 따라서 환자의 고통에 대한 대안은 안락사가 아니라 최대한의 통증조절과 환자의 심적, 정신적 슬픔과 고통을 덜어주려고 애쓰는 호스피스(hospice)이다. 적절한 호스피스 진료는 환자로 하여금 긍지를 가지고 죽음을 맞이하도록 도울 수 있다. 이미 자신의 죽음을 예견한 환자에게 정작 두려운 것은 죽음 그 자체가 아니라 죽음에 이르기까지의 고통과 가족과 떨어져야 하는 정신적 슬픔, 그리고 죽음 이후의 상태에 대한 불안감 같은 것이다. 기독교적 세계관을 가진 훈련된 의사와 성직자, 사회사업가가 한 팀이 되어 적절한 호스피스 진료를 제공할 수 있다면 고통의 대안으로서의 안락사 요구는 그 설자리를 잃게 될 것이다.

7. 글을 닫으며

　　죽음에 대한 통제란 삶의 질이 지극히 낮은 말기 환자들의 생명을 인위적으로 단축시키려는 시도나 인공호흡기 혹은 냉동인간 기술 등에 의한 생명의 무한 연장이라는 두 가지 면으로 단순화시켜볼 수 있다. 존엄사에 대한 논의를 마무리 하면서 '살아있다는 것'과 '생활한다는 것'의 차이를 구별해야 할 필요성을 느낀다. 살아있다는 것은 우리의 몸이 기능을 발휘하고 있다는 것만을 뜻할 뿐이다. 따라서 회복 불가능한 혼수상태에 빠져있더라도 어떤 자극에 반응만 한다면 살아있다고 본다. 그러나 이러한 환자는 더 이상 생활을 한다고 할 수는 없다. 더 이상은 볼 수도 들을 수도 없고 다른 사람과 대화하거나 음식의 맛을 볼 수도 없다. 인간의 사회성과 삶의 질을 고려할 때 이러한 생명을 인위적 방법으로 연장하는 것은 생명존중보다는 인격모독에 가깝고, 삶의 연장이 아니라 죽음의 연장에 해당한다. 그러나 인류의 보편적 가치관과 생명의 존엄을 고려할 때 '죽음을 앞당기려는 적극적 행위'(적극적 안락사)에는 찬성할 수 없다.

　　한편, 죽어가는 환자를 둘러싼 의료 환경에 대한 최근의 관심에서, 또 다른 변화의 조짐을 볼 수 있다. 환자의 체온과 맥박, 호흡을 약물과 기계로 정상으로 유지시키는 가운데 '병원에서 임종을 맞는 것'이 의학적으로 이상적인 죽음이라는 생각이 강한 도전을 받고 있다. 이것은 1988년 미국의사협회가 재확인한 정책에 반영이 되어있다. 미국의사협회는 회생 불가능한 혼수상태의 환자의 경우는 인공영양공급을 포함한 '모든 형태의 생명연장을 위한 의학적 치료'를 보류하는 것이 오히려 도덕적으로 정당하다는 입장을 밝혔다.

지금까지의 논의를 종합해 볼 때, 적극적 안락사는 기독인으로서 절대 받아들여서는 안 되는 금기 사항이지만, 존엄사에 대해서는 무조건 반대할 것이 아니라 적절한 안전장치 하에서의 합리적 선택을 존중해야 할 때가 아닌가 싶다.

법률적 진실

변호사에게 듣는다

변호사(법무법인 지평지성) 김성수

1. 문제가 제기된 배경

　　2008년 말에 국내외에서는 의식이 없이 지속적 식물인간 상태에 있던 환자들과 관련된 기사가 연이어 등장했다. 먼저 서울서부지방법원은 11월 28일에 의식상실 후 8개월 가량 식물인간 상태에 있던 76세 여자 환자의 가족들이 병원을 상대로 무의미한 연명치료장치를 제거해 달라고 한 청구를 엄격한 조건하에 허용하는 판결을 선고하였다.[1] 뒤이어 12월 6일에는 미국의 백만장자 상속녀가 28년 간의 식물인간 상태를 지속하다가 76세의 나이로 사망하여 식물인간 상태에서 무려 30년 가까이 살수 있음을 확인시켜 주었다.[2]

　　이러한 국내외 사례에서 알 수 있는 것처럼 아무런 의식도 없는 상태의 지속적 식물인간 상태에서 환자들이 인공호흡기나 급식관과 같은 의학적 지원으로 호흡과 순환 등 생명기능만을 장기간 연장하는 것은 가족들의 경제적, 심리적 부담을 가중시키고 의료자원을 비효율적으로 사용하게 하며, 환자 본인의 진정한 의사에도 어긋나는 무의미한 처치가 될 수 있다는 문제가 제기되고 있다. 그러나 환자가 의식이 있는 동안에 이러한 상황에서 연명치료를 개시하지 말거나 중단할 것을 명시적으로 하였다는 객관적 자료가 없는 상태에서, 부양이나 치료 의무를 부담하는 가족 등 보호자나 의료진의 입장에서는

---

1)　대법원 홈페이지 www.scourt.go.kr 중 소식/ 전국법원 주요 판결/ 서울서부지방법원 작성 2008. 12. 3. 자 2008가합6977 사건 "의식불명의 지속적 식물인간상태에서 인공호흡기의 도움으로 생명을 연장하고 있는 환자의 인공호흡기제거 청구에 관하여" 기사 참조, 2009. 2. 9. 접속. 위 판결에 대한 항소심을 담당한 서울고등법원은 2009. 2. 10. 원심을 유지하는 항소기각 판결을 선고하였다.

2)　Martha "Sonny" Von Bulow(마사 써니 뷜로우)의 사례, 뉴시스 2008. 12. 7. 외신 기사, www.newsis.com/article/view.htm?cID=article&ar_id=NISX20081207_0000832295 링크 참조, 2009. 2. 9. 접속

환자가 의식의 회복가능성이 낮다는 이유로 조기에 치료를 포기하고자 하는 유혹을 느낄 수 있는 것도 엄연한 현실이다.

이에 따라 식물인간 상태와 같은 지속적 의식 상실 환자에 대하여 어떤 경우에 연명치료를 보류(withhold)하거나 중단(stop) 또는 철회(withdraw)할 수 있는지 그 법적 요건에 관하여 검토할 필요가 있다. 이하에서는 먼저 미국법상 연명치료 중단[3]의 허용한계에 관하여 어떤 법적 규제가 있는지 살펴본 후, 국내의 법률과 학설 그리고 판례의 내용을 검토함으로써 회복가능성이 희박한 환자에 대한 연명치료 중단의 법적 허용한계를 정리하기로 한다.

---

[3]   일부에서는 '연명치료 중단' 대신에 '소극적 안락사'라는 표현을 사용하기도 한다. 원래 안락사라는 말은 영어 euthanasia의 번역어로 편안한 죽음(good death), 아름다운 죽음이라는 의미의 그리스어 Euthantos에서 유래한 것이라고 한다. 그 중에서도 적극적 안락사는 견디기 어려운 고통에 직면한 환자에 대하여 조용히 그리고 즉시 숨지게 할 수 있는 약을 투여하여 숨지게 하는 방법과 같이 적극적인 방식으로 시행하는 것을 말하고, 소극적인 안락사는 현대의 의료수준에서 가능한 생명유지조치를 강구하지 아니하거나 시행 중인 상태에서 이를 차단하여 생명이 단축되게 하는 것을 말한다고 한다. 결국 소극적 안락사와 연명치료 중단은 내용상 거의 동일한 의미로 사용되는 것으로 생각된다. 박영호, "소극적 안락사의 허용여부에 관한 소고" 저스티스 65호(2002. 2) 205-235쪽 중 207-211쪽

2. 미국의 연명치료 중단에 관한 법적 규제의 검토

미국은 영국과 함께 판례가 중요한 법적 판단 기준이 되는 국가이다. 따라서 연명치료 중단에 관한 법적 규제도 판례가 먼저 형성되면서 주와 연방 의회가 그 후에 관련 법률을 제정하게 되었다. 이하에서는 판례와 입법을 통한 미국의 연명치료 중단에 관한 법적 규제 내용을 살피기로 한다.

1) 퀸란 및 크루잔 케이스에 나타난 법원의 판결 내용

미국은 1970년대 초반부터 의식불명 상태에 대비하여 생전에 자신에 대한 연명치료 등 비통상적인(extraordinary) 치료의 거절과 같은 치료방침을 정하는 내용의 의사를 표명하는 문서(Living Will, 이하 '생전 의사표명서'라고 함)[4]가 작성되어 활용되곤 하였다고 한다. 그러나 일부 연명치료 중단 청구 사건은 위와 같은 생전 의사표명서가 적법하게 작성되어 있지 않은 상태에서 환자가 장기간 의식불명 상태가 되어 제기되었다. 이러한 경우 가족 등 보호자가 환자를 대신하여 환자에 대한 연명치료 중단을 병원에 요청할 수 있는지가 문제가 되었다. 이러한 사건에서 미국의 법원은 관련된 증거를 종합적으로 검토하여 연명치료 중단에 관한 환자의 진정한 의사가 추정되는 경우 연명장치 제거를 허용하는 판결을 내리고 있다.[5]

---

4) Dictionary.com Unabridged (v 1.1). Retrieved Feb. 08, 2009, from Dictionary.com http://dictionary.reference.com/browse/Living will, Based on the Random House Dictionary, Random House, Inc. 2006. 2009.2.9 접속

5) 정현미, "치료중단의 한계와 형사책임" 형사정책연구 15권 4호 (60호. 2004. 겨울호) 165-202 중 189쪽.

먼저 1976년 1월에 뉴저지주 대법원은 퀸란 케이스[6]에서 헌법이 보장하는 프라이버시권은 의사능력이 없는 상태에서 죽어가고 있는 환자에게 환자의 가족이 생명유지 수단을 제거함으로써 환자를 죽게 만드는 것을 허용할 정도로 포괄적이라고 판단하였다.[7] 이에 따라 환자 카렌 앤 퀸란(Karen Ann Quinlan)의 아버지 조셉 퀸란(Joseph Quinlan)을 후견인으로 임명하면서, 후견인의 의뢰를 받은 담당의사가 병원윤리위원회의 승인을 거쳐 환자에 대한 생명유지 장치를 제거하는 것에 대하여 민·형사상의 책임을 지지 않는다고 판시하였다.

그 후 20개 주에서 판단능력이 있는 환자가 생명유지 장치를 거부할 권리를 인정하였고, 뉴욕주와 미주리주를 제외한 나머지 18개 주에서 판단능력이 없는 환자에 대하여 대리인이 의사결정을 할 수 있는 권리를 인정해왔다.[8]

이러한 가운데 1990년 6월에 크루잔(Nancy Cruzan) 사건[9]에서 죽어가는 환자의 권리를 명시적으로 인정한 최초의 연방대법원 판결이 선고되었다. 미주리주에 살던 낸시 크루잔은 24세 여성으로 1983년 1월에 교통사고로 발생한 산소결핍 상태로 인하여 지속적 식물인간 상태(persistent vegetative state, PVS)가 되었다. 낸시의 부모는 카렌 퀸란 사건의 사례를 따라 생명유지장치인 급식관의 제거를 병원에 요구하였으나 병원은 법원의 허가가 없다는 이유로 수용하

---

6) 판결 원문은 In re Quinlan, Supreme Court of New Jersey 355 A.2d 647 (1976)

7) Gregory, Pence, Classic cases in Medical Ethics, 4th ed., 김장한, 이재담 공역, 고전적 사례로 본 의료윤리, 지코사이언스(2007), 44쪽

8) George Annas, "Nancy Cruzan and the Right to Die," NEJM, vol 323, no.10, September 1990, p.670. Gregory 등 앞의 책 46쪽 각주 19에서 재인용

9) Cruzan v. Director, Missouri Department of Health, 497 U.S. 261(1990). Gregory 등 앞의 책 47-49쪽에서 재인용

지 않았다. 미주리주의 하급심은 크루잔 부모의 청구를 인용하였으나 상급심인 미주리주 대법원의 판단에서는 낸시의 연명치료 거부에 관한 '생전 의사표명서(living will)'[10]나 치료방침에 관한 '사전지시서(advance directives)'가 제출되지 않은 상황에서 낸시가 사고 전에 동거친구(housemate)에게 긴박한 사고의 경우, 무익한 생명연장은 의미가 없다는 취지의 말을 하였다는 증언만으로는 연명치료 거부에 관한 낸시의 진정한 희망에 관한 "명백하고 확신할 만한 증거(clear and convincing evidence)"가 될 수 없다고 판단하였다. 결국 시민들의 삶의 질과 무관하게 생명 그 자체를 지켜야 하는 것이 주의 정책이므로 주 법원으로서는 증거가 부족한 상태에서 원고의 청구를 받아들일 수 없다고 판단한 것이다. 낸시의 부모는 연방대법원에 최종 판단을 구하였다. 그 결과 연방대법원은 치료를 거부할 경우 죽을 수 있다고 하더라도 판단능력 있는 환자는 치료를 거부할 권리가 있고, 급식관을 제거하는 것을 인공호흡기 제거와 달리 취급할 필요가 없다고 하였다. 그러나 국가[엄밀히는 미국 연방을 구성하는 주(state)]는 영구적 혼수상태에 있는 환자의 생전 의사를 확인함에 있어서 생전 의사표명서와 같은 "명백하고 확신할 만한 증거"가 필요하다는 법을 정할 수 있고, 미주리주 대법원의 위와 같은 법원칙 적용은 미국 연방헌법에 부합하는 것으로 낸시 부모의 주장은 받아들일 수 없다고 하였다.[11]

---

10) 일부 국내 문헌에서는 생전 유언으로 번역하고 있으나 유언이란 원래 당사자가 사망한 이후의 법적 효과를 기술한 의사표시를 내용으로 하고 있어서 의식불명 상태의 연명치료 방침에 대하여 적용하기에는 적합하지 않은 듯 하여 유언이란 표현 대신 원래의 의미에 가깝게 생전 의사표명서라고 번역함

11) 낸시의 부모들은 연방대법원에서 패소한 이후 낸시가 (가족이 아닌) 친구들에게도 연명치료 중단에 관한 의사표명을 한 내용을 확인하여 이들의 증언을 제출하면서 새로운 소송을 미주리주 지방법원에 제기하여 결국 급식관 제거를 적법하게 할 수 있게 되었다.

크루잔 판결의 의의는 퀸란 판결 이후 완화되었던 환자의 치료중단 의사 추정 요건을 엄격하게 제한하여 생명보호를 강조하였다는 점이다. 즉, 생전 의사표명서의 대체증거를 너무 쉽게 인정할 경우 이러한 법원리를 남용하여 너무 쉽게 연명치료 중단에 의한 사망이 초래되어 오히려 인간존엄성을 해칠 수 있다는 것이다. 특히 연명치료를 받는 환자의 대리인으로 언제나 사랑으로 가득한 가족만 있는 것은 아니므로 국가는 대리권의 남용을 방지할 임무가 있다고 하였다. 또한 환자의 연명치료 중단 의사를 확인하기 위한 증명을 엄격하게 제한해서 생기는 오판의 위험은 그 결과가 현상유지적인 것에 불과하나 증명을 너무 쉽게 인정할 경우 오판으로 인한 결과는 사망을 초래하므로 회복할 방법이 없다는 점도 엄격한 입증의 사유로 제시하였다.

2) 자연사법 내용의 검토

뉴저지주 대법원이 1976년에 내린 퀸란 사건 판결 이후 죽음의 시간, 장소 및 방법을 개인이 통제하거나 결정할 수 있다는 인식이 확산되면서 미국의 많은 주에서 생전 의사표명서(living will) 규정을 포함하는 자연사법(natural death act)을 제정하기 시작하였다.[12] 자연사에 관한 입법은 환자가 말기 상황에 있고, 더 이상 스스로 의사결정을 할 수 없게 된다면 생명연장 시술을 보류하거나 중단하도록 담당 의사에게 지시하는 선언(declaration)을 의미하는 의사표

---

12) 적법하게 작성된 생전 의사표명서나 사전지시서에 따라 의료진이 환자의 생명연장 치료를 보류하거나 중단하여 자연적인 죽음에 이르게 하는 것을 허용하는 법률을 자연사법이라고 하기도 한다. 이인영 위 논문(각주 6, 이하 같음) 490쪽

명서의 효력을 인정하는 법률을 말한다.[13] 대부분의 주는 생전 의사표명서 외에 의료진에 대한 사전지시서(advanced directives)에 관한 법률을 가지고 있다. 자연사법으로 통칭되기도 하는 생전 의사표명서에 관한 법률의 내용은 주에 따라 다양하다. 많은 주에서는 승인받은 양식의 서면으로 작성된 형태만을 허용하는 반면 일부 주에서는 구술 진술로도 가능한 것으로 규정한다. 나아가 플로리다주 법률과 같이 증인 입회하의 서면 또는 구술의 진술(witnessed document in writing, witnessed oral statement) 모두 가능하도록 규정한 곳도 있다.[14]

콜럼비아 특별구(District of Columbia, DC) 법률에 의하면 환자가 자신의 생명을 연명장치에 의하여 연장하지 않겠다고 선언할 수 있고, 이러한 선언은 서면으로 작성되고 선언자의 서명이 있거나 선언자의 의향에 따라 선언자의 입회 하에 다른 사람의 서명이 있어야 하며, 선언일자와 함께 18세 이상인 두 명 이상의 증인의 입회 하에 이루어져야 한다. 이러한 법률규정에 따라 콜럼비아 특별구 대법원은 1985년에 의사결정 능력이 있는 연방의료기관의 말기환자는 생명유지장치를 제거함으로써 곧 죽을 수 있더라도 환자의 자발적인 의사에 따라 이를 제거하도록 결정할 권리가 있다고 판결하였다.[15] 일부 주에서는 증인이 환자와 혈연관계나 혼인관계를 가지고 있거나 유산상속이나 기타 재산상 이해관계가 있는 경우 배제된다는 규정을 두고 있고, 의료진이나 그 관계인 역시 증인이 될 수 없다고 규정하기도 한다.[16] 이러한 지위에 있는

---

13) 이인영 위 논문 488쪽
14) 이인영 위 논문 489쪽
15) 이인영 위 논문 491쪽
16) 이인영 위 논문 493쪽

사람들은 환자의 조기 사망에 따라 상속 등을 통하여 재산상 이익을 얻거나 치료의 의무 부담을 회피할 수 있으므로 공정한 증인이 되기 어려운 사정을 감안한 것으로 보인다.

의사나 기타 의료관계인은 적법한 의사표명서에 기초하여 환자로부터 연명치료를 보류하거나 중단하는데 선의로 참여한 경우 다른 과실이 없는 한 민사적 및 형사적 책임이나 직업적 제재로부터 면제된다. 대부분의 주 법률에 의하면 사전지시서 내지 생전 의사표명서에 관한 규정을 준수하여 한 의료진의 행위는 자살방조나 살인의 책임을 부담하지 않는다. 나아가 이러한 절차에 따라 이루어진 죽음을 자살로 간주하지도 않는다. 그러나 의료진이 고의나 과실로 자연적인 죽음의 과정 이외의 방법으로 생명을 종료시키는 행위는 금지되어 처벌의 대상이 된다.[17]

3) 연명치료 중단에 관한 환자의 의사 추정에 관한 판단방법

이상과 같이 미국의 대다수 주에서는 성인이 평소 의식이 있을 때 증인의 입회 하에 생전 의사표명 진술을 할 수 있도록 하고, 위와 같이 작성된 생전 의사표명서에 따라 의료진은 환자의 연명치료를 보류하거나 중단할 수 있도록 입법으로 명시하여 놓았다. 그러나 위와 같이 작성된 의사표명서나 사전지시서가 없는 상황에서는 어떤 자료를 근거로 하여 환자의 진정한 의사를 추정하여 판단할 수 있을 것인가.

먼저 환자 자신이 과거에 한 언행에 기초하여 판단하는 주관적 판단방

---

17) 이인영 위 논문 495쪽

법(Subjective standard)이 있다.[18] 환자가 평소 가족, 친구, 건강관리 담당자에 대하여 말한 내용, 타인의 치료에 대하여 보인 반응, 종교적 성향, 의학적 처치에 대한 환자의 태도에 관한 진술자료가 있었다면 그 내용의 구체성과 합리성의 정도에 따라 당사자의 치료중단 의사가 추정될 수 있을 것이다.[19]

그 외에 대리 판단방법(Substituted Judgment Standard)이 있다. 이는 환자가 의사능력을 상실하지 않았더라면 문제가 된 상황(지속적 식물인간상태 등)에서 어떻게 판단하였을 것인가를 가족이나 기타 대리인이 추정하여 판단하는 방법이다.[20]

위와 같은 두가지 방법으로 환자의 의사를 추정할 수 없는 경우에 최후의 판단기준으로 환자의 의사를 떠나 무엇이 환자에게 최선의 이익이 되는가(Best Interest of Standard)라는 객관적 기준이 제시된다. 환자의 최선의 이익 기준이 되려면, 첫째, 생명을 유지하기 위한 치료를 개시하거나 계속하는데 따른 손실이 그에 따르는 이익에 비하여 명백하고 현저하게(clear and markedly) 우월하여야 하고, 둘째, 생명유지에 따르는 극심한 고통으로 인하여 생명유지 치료 자체가 비인도적이라고 판단되는 경우라고 한다.

---

18) 유승룡, "생명권과 자기결정권 그리고 의사의 진료의무", 2008년 대한의료법학회 추계학술대회 존엄사 법제의 비교 및 법제적 제안 중 발표논문, 대법원 대회의실, 대한의료법학회, 법원의료법연구회(2008. 10. 18), 19쪽

19) 앞의 크루잔 사건에서 연방대법원은 낸시의 룸메이트나 가족들의 증언에 대하여 명백하고 확신할만한 증거가 될 수 없다고 판단하였으나 그 후 낸시의 과거 친구들이 새로운 증언을 하게 되면서 새로이 제기된 소송에서 미주리주 하급심 법원은 그러한 증언들이 명백하고 확신할만한 증거가 될 수 있다고 판단하여 급식관 제거를 허용하였고 결국 연방대법원의 판결 선고후 5개월이 지난 1990. 12. 14. 급식관은 적법하게 제거되었고 낸시는 사망하였다. Gregory 등 위 책 49, 50쪽.

20) 유승룡, 위 발표문 19쪽, 의사결정을 대행할 수 있는 자는 후견인이나 가족과 의사가 인정된다고 한다.

3. 한국법상 연명치료 중단의 허용한계

1) 법률과 대법원 판례의 검토

우리나라는 미국과 달리 판례보다는 국회에서 제정한 법률이 우월적 효력을 가진 성문법 국가이다. 따라서 연명치료 중단에 따른 법적 책임에 대하여도 일차적으로 법률이 우선적으로 적용되고, 관련된 법률이 없는 경우에는 법원의 판결에 따라 법률 공백을 보충하고, 법률규정이 있는 경우에도 그 의미가 모호하거나 포괄적인 경우에는 법원이 재판을 통하여 법률 규정의 의미 내용을 명확히 한다. 특히 비슷한 사안에 대하여 각급 법원의 판단이 서로 다르게 내려질 수 있으므로 이를 최종적으로 재판하는 대법원의 판단은 사법부의 공식적 입장으로 간주된다. 이하에서는 연명치료 중단과 관련된 국내 법률과 대법원의 판결 내용을 살펴보기로 한다.

(1) 법률상 연명치료 중단의 규제 내용

국내법상으로는 미국의 자연사법과 같은 연명치료 중단의 허용 요건과 그 효과에 관한 법률이 제정되어 있지 않다. 그에 비하여 형법에 의하면 사람을 살해한 자는 사형, 무기 또는 5년 이상의 징역에 처한다(제250조 제1항). 나아가 사람의 촉탁 또는 승낙을 받아 그를 살해하거나 사람을 교사 또는 방조하여 자살하게 한자는 1년 이상 10년 이하의 징역에 처한다(제251조 제1항 및 제2항).

사람을 살해한다는 것은 타인의 자연적인 사망시기 보다 앞서서 그 사람을 죽게 한다는 의미이다. 그런데 의식불명이면서 회복불가능한 상태에서 특히 지속적 식물인간 상태에 있는 환자에게 환자의 가족의 요구에 따라 인공호흡기나 급식튜브와 같은 생명연장장치(이하 '연명장치'라고 함)를 제거하여 연명장치가 유지될 경우 보다 일찍 사망이 초래되도록 하는 경우에도 살인죄에 해당하는지 문제가 된다. 나아가 환자가 평소 의식이 있었을 때에 회복불능 상태에 있게 되면 단순히 생명기능을 연장하기 위한 치료를 개시하거나 유지하지 말도록 의사표명을 한 경우에 이러한 환자의 요구에 따라 연명치료를 보류하거나 중단한 경우에는 자살방조죄가 되는지도 문제가 된다. 특히 의사가 환자를 치료하는 것은 환자의 동의에 따라 신체에 대한 인위적인 간섭을 하는 것인데, 환자 스스로 자신의 신체에 대한 의료진의 인위적인 관여를 원하지 않는다고 의사표명을 하는 상황에서 생명존중이라는 일반적 이념을 내세워 의사나 국가가 환자의 생명연장을 위한 치료를 강제 시행할 수 있는지도 문제가 된다.

　일반적으로 말하면 사람을 자연적 수명보다 일찍 죽게 하는 것은 살인이 될 수 있고, 그 방법으로는 적극적으로 위해가 될만한 행위를 가하는 방법(작위)은 물론 마땅히 생명구조를 위하여 필요한 행위를 하지 않는 방법(부작위)도 가능하다. 부작위에 의한 살인이 인정되려면 배우자, 친권자나 의료인과 같이 당사자에 대하여 적극적인 구조활동을 할 작위의무를 실행할 특별한 법적 의무나 관계가 있어야 한다. 따라서 생명유지에 필수적인 치료를 유지할 의무가 있는 의사나 보호자가 그러한 의무를 고의로 저버리고, 생명유지 치료를 중단한 경우에는 작위나 부작위에 의한 살인죄가 성립될 수 있다.

(2) 보라매병원 사건 판결

우리나라 대법원은 아직 회복가능성이 없는 의식불명 환자에 대한 연명치료 중단에 관여한 보호자나 의료인의 책임에 관한 판결을 한 적이 없다. 다만, 대법원은 이른바 보라매병원 사건에 대한 판결을 통하여 진료비에 대한 경제적 부담을 이유로 지속적인 입원 진료가 필요한 남편의 퇴원을 요구하여 퇴원한 남편이 사망하게 된 사건에서 아내에게 치료유지의무 위반이라는 부작위에 의한 살인죄를 인정하였다.[21] 나아가 퇴원을 하면 환자가 조만간 사망할 것을 예상하면서도 위 아내의 요구를 거부하지 아니하고 환자를 집으로 퇴원시키면서 동행하여 집에서 간이 호흡장치를 제거하여 환자를 사망에 이르게 하는데 관여한 의사들에 대하여 살인방조죄를 인정하였다.[22]

그런데 위 판결의 내용을 자세히 살펴보면 당시에 환자가 술에 취하여 화장실에 가다가 벽에 머리를 부딪치고 시멘트 바닥에 넘어지면서 뇌출혈이 발생하였으나 사고 직후 보라매병원 응급실로 후송되어 혈종제거수술을 받은 후 중환자실에서 계속적 치료를 받았다. 이러한 치료의 효과로 환자의 상태는 대광반사나 충격에 대한 반응이 호전되고 이름을 부르면 스스로 눈까지 뜨려고 하였다. 다만 자가호흡이 어려워 인공호흡기를 설치하여 호흡을 유지하고 있었으나 입원치료를 받은지 이틀 만에 아내가 진료비에 대한 경제적 부

---

21) 서울고등법원 2002. 2. 7. 선고 98노1310 판결.

22) 대법원 2004. 6. 24. 선고 2002도995 판결. "보호자가 의학적 권고에도 불구하고 치료를 요하는 환자의 퇴원을 강청하여 담당 전문의와 주치의가 치료중단 및 퇴원을 허용하는 조치를 취함으로써 환자를 사망에 이르게 한 행위에 대하여⋯ 담당 전문의와 주치의에게 환자의 사망이라는 결과 발생에 대한 정범의 고의는 인정되나 환자의 사망이라는 결과나 그에 이르는 사태의 핵심적 경과를 계획적으로 조종하거나 저지·촉진하는 등으로 지배하고 있었다고 보기는 어려워 공동정범의 객관적 요건인 이른바 기능적 행위지배가 흠결되어 있다는 이유로 작위에 의한 살인방조죄만 성립한다"

담을 내세워 퇴원을 요구하였다. 의료진은 퇴원 및 인공호흡기 제거를 하면 환자가 사망할 것을 우려하여 퇴원에 응하지 않았으나 아내의 거듭된 요구에 굴복하여 입원한 후 이틀 만에 환자를 집으로 퇴원시킨 후 동행한 의사가 인공호흡기를 제거하였다. 의사가 환자의 집을 떠난 후 5분도 안되어 환자는 목 부위에서 꺽꺽거리는 등의 소리를 내며 불완전하게 숨을 쉬다가 뇌간(腦幹) 압박에 의한 호흡곤란으로 사망하였다.

결국 위 판결 내용이 그대로 사실이라고 한다면[23] 환자는 치료중단시에 회복가능성이 있었던 상태였으므로 배우자는 물론 담당의사에게는 환자의 생명유지를 위한 치료를 계속할 의무가 있었다고 할 수 있다.[24] 따라서 앞에서 논의되어 온 미국의 주요 사례들이 대부분 지속적 식물인간 상태에서 수개월 내지 수년이 지나도록 회복가능성이 확인되지 않았던 것과는 차이가 있다. 그러므로 위 보라매병원 사건 판결을 토대로 우리나라의 대법원이 회복가능성이 없는 환자에 대한 연명치료를 일체 불허한 것으로 판단할 수는 없다.

이와 같이 법률은 물론 대법원 판례로서도 회복불능 상태의 환자에 대한 연명치료 중단의 허용 여부에 관한 규제가 없는 실정이다. 그러나 의학기술의 발달로 인하여 많은 환자들이 사고나 질병으로 인하여 회복가능성이 없는 식물인간 상태로 수개월 이상 수년 동안을 생존하고 있는 것도 현실이다.

---

23) 살인죄의 책임을 부담하게 된 담당 의사들은 실제로는 환자의 회복가능성이 낮았다고 주장했으나 법원은 이를 받아들이지 않았다.

24) 응급의료에 관한 법률 제10조는 응급의료종사자는 정당한 사유가 없는 한 응급환자에 대한 응급의료를 중단하여서는 아니된다고 규정하고, 제22조는 응급환자에게 응급의료를 제공하고 이에 대한 비용을 지불받지 못하였을 경우 그 중 응급환자 본인이 부담하여야 하는 금액(이하 "미수금"이라 한다)에 대하여는 응급의료기금에 대불을 청구할 수 있다고 규정하여 응급의료 제공에 관한 의료인이나 의료기관과 국가의 책임을 강조하고 있다.

이들은 의식이 완전히 상실된 상태에서 단순히 호흡과 심장박동, 섭식과 배설 등 원시적 생명기능만을 유지하기 위하여 인공호흡기나 급식튜브, 배뇨관을 설치한 상태에서 회복에 대한 희망도 없이 사망의 시기를 기다리고 있는 실정이다. 더욱이 우리나라의 경우 미국의 자연사법과 같은 법률은 물론 명확한 판단기준이 될 대법원 판례도 정립되어 있지 않으므로 환자들이 의식이 명료하였을 때에 서면으로 연명치료 중단에 관한 의사표명을 해놓은 경우도 거의 없다.

이와 같이 연명치료 중단에 관한 환자 자신의 진술서에 의한 의사표명이 확인되지 않는 상태에서는 보호자와 의료진은 무한정 연명치료를 계속하여야 하는가. 아니면 적절한 요건하에서 회복가능성이 희박한 상태에서 연명치료를 중단할 수 있을 것인가. 이러한 상황에 대한 합리적인 해결방안에 관한 법학계의 주요 의견과 최근의 하급심 판결 내용을 차례대로 살펴보기로 한다.

2) 법학계의 주요 의견

미국법상 생전 의사표명서와 유사하게 치료중단에 관한 환자의 명시적 요청이 있는 경우에 치료방침 선택에 관한 환자의 자기결정권이나 헌법상 인간의 존엄성 보장 규정에 내포된 존엄한 죽음, 즉 자연스럽게 죽을 권리를 통하여 허용된다고 해석한다.[25] 그에 비하여 회복가능성이 거의 없는 의식불

---

25) 미국의 자연사법과 같은 법률이 없는 현실에서 생전 의사표명은 2인 이상의 증인의 입회나 공증과 같은 엄격한 방식으로 제한된다고 볼 수 없다. 예를 들어 평소 작성하는 일기장이나 미리 쓰는 유언장 혹은 수필 등을 통하여 생전 의사표명을 한 경우에도 농담으로 작성한 것이 아닌 한 대개는 유효하다고 보아야 할 것이다.

명의 환자에게 가족의 요청이나 환자의 의사 추정을 통하여 치료중단이 가능한지 그리고 의사의 생명유지의무의 한계 설정을 통하여 치료중단이 가능한지 검토하기로 한다.

(1) 가족이나 보호자의 요구에 의한 치료중단 가능성

환자가 식물인간으로 의사표명이 불가능한 상황에서 가족이나 보호자가 환자를 위하여 환자에 대한 치료중단을 요구할 수 있을지 문제된다. 의료계약의 당사자는 환자 자신이므로 원칙적으로 환자만이 치료행위에 대해 동의할 권리가 있다. 따라서 치료중단의 경우에는 직접 개인의 삶과 죽음에 관한 고도의 인격적인 문제와 관련되므로 누구도 대신 결정할 수 없으며, 가족이나 보호자라고 하여도 "환자를 위하여" 치료중단을 결정하거나 요구할 수는 없다.

(2) 환자의 추정적 승낙에 의한 치료중단 가능성

환자가 식물인간과 같은 의식상실 상태에 있는 경우 치료중단은 환자의 추정적 승낙에 따라야 한다.[26] 가족이나 친지의 의사는 환자의 의사를 추정하기 위한 판단자료에 불과하다. 추정적 의사를 확정하기 위해서는 환자의 의사와 관련된 모든 정황을 고려해야 한다. 경우에 따라 환자가 사전에 자신은 희망 없는 상황에서 생명연장적 치료를 원하지 않는다는 의사를 표시했을

---

26) 정현미 위 논문 179, 180쪽

수도 있다.[27] 이러한 사전의사표시나 문서로 작성된 환자의 사전의사가 고려
되어야 하며 그 밖에 가족의 견해도 추정적 의사 판단에 도움이 될 것이다. 치
료중단의 결정시 환자의 추정적 의사에 따라 판단하는 것은 환자의 자기결정
권의 존중과도 합치되는 장점이 있다.

그러나 의사를 추정할만한 정황이 전혀 없는 경우에는 더 이상 판단할
수 없게 된다. 결국 구체적 분쟁 사건에서 문제가 되는 것은 환자의 의사를 추
정하기 위한 자료를 얼마나 명료하고 설득력 있게 제시하는가에 달려 있다.
특히 환자의 사망에 따른 적극적 이익(재산의 상속 등)이나 소극적 이익(진료비 부
담의 경감 등)으로부터 자유롭기 어려운 가족들의 진술 보다는 이런 이해관계가
없는 제3자(성직자나 오래된 친구 등)의 진술이 좀더 중요하게 고려될 수도 있을
것이다.[28]

(3) 의사의 생명유지의무의 한계

의식불명 상태가 장기간 지속되는 식물인간 환자에서 환자가 완전히
사망할 때까지 의사에게 생명유지 치료의무가 있는지도 문제이다. 대개는 생
명유지 치료의무에 한계가 있다고 해석하며, 단지 그 기준과 관련해서는 다양

---

27) 박어진, 나이 먹는 즐거움, 한겨레출판(2007) 274쪽에는 저자가 발간한 수필집의 말미에 유서라는 제목
　　으로 아들과 딸에 대하여 다음과 같이 부탁하고 있다. "너희들에게 부탁한다. 내가 의식을 잃으면 병원 응
　　급실이나 중환자실로 끌고 가지마. 내가 인간의 위엄을 지닌 채 우아하게 죽을 수 있도록 도와줘. 호스를
　　몇 개씩이나 내 입과 코에 꽂은 엽기적인 장면을 제발 연출하지 말아다오. 이 무슨 생쇼란 말이냐? 난 싫다."
　　비록 그 형식을 엄격히 구비한 것은 아니지만 위와 같은 내용을 통하여 저자의 생전 의사표명은 명확하고
　　확신할 만할 정도로 표현되었다고 할 수 있을 것이다.
28) 미국의 여러 자연사법에서 생전 의사표명서나 사전지시서 작성과정에 입회할 증인의 자격으로 상속인이
　　나 기타 이해관계인을 제한하는 것도 이런 사정을 고려한 것으로 보인다.

한 의견이 있다.

먼저 계속적 치료가 의학적으로 무의미한 경우 생명유지 치료를 더 이상 할 필요가 없다는 의견이 있다.[29] 그러나 의학적으로 무의미한 치료가 무엇인가라는 새로운 문제가 제기되므로 위와 같은 판단기준은 구체성이 없어서 판단기준으로서 사실상 무의미하다. 그에 비하여 생명연장적인 조치가 "통상적"이냐 "특별한" 것이냐로 구분하려는 의견이 제시되기도 한다. 생명연장을 위한 치료가 통상적인 조치로는 부족하여 특별한 조치가 취해져야 하는 경우, 의사는 반드시 특별한 조치를 취할 의무는 없으며 거기서 의사의 생명유지의무의 한계가 성립될 수 있다는 것이다. 그러나 이 기준은 매우 유동적이라고 할 수 있다. 의학이 발달하면서 과거에는 특별한 의료조치였던 것이 점점 통상적인 것으로 되기 때문이다. 그 밖에 계속적인 치료가 "자연적"이냐 "인위적"이냐에 따라 구분하려는 견해도 비슷한 비판을 받을 수 있다.[30]

마지막으로 환자의 의식이 불가역적으로 상실한 때에 의사의 생명유지의무의 한계가 놓인다고 보는 견해가 있다. 그 근거는 의술을 통하여 생물학적 생명의 연장 자체를 실현하는 것만이 중요한 것이 아니라, 적어도 인격적인 자기실현의 최소한이라도 실현시킬 수 있게 하는 것도 의술의 한정적 목표가 될 수 있다는 점에 있다. 따라서 의사의 치료는 원칙적으로 생명유지의무를 확고히 하는 것이지만, 다른 한편으로는 자기실현을 최소한이나마 가능하게 해야 한다. 의료에서 인간의 자기실현의 가능성을 고려하는 한, 생명유

---

29) 허대석, "무의미한 치료의 중단", 대한의사협회지, 제44권 제9호(2001.9.), 957쪽 이하, 정현미 위 논문 180, 181쪽에서 재인용

30) 정현미 위 논문 181쪽에서 재인용

지의무는 계속적인 자기실현의 가능성이 단절되는 때라고 볼 수 있는 반응능력의 전적인 상실과 의사소통능력의 불가역적 상실이 초래되는 불가역적인 의식상실시에 한계가 놓인다고 할 수 있다.[31] 이와 같은 불가역적인 의식상실 순간을 넘어서면 의사의 생명유지 치료 의무가 지속된다고 보기 어렵다는 것이다. 이 의견이 비교적 타당한 것으로 생각한다.

3) 최근의 판례 내용

서울서부지방법원(이하 '일심'이라고 함)은 2008년 11월 28일에 지속적 식물인간상태에서 인공호흡기의 도움으로 생명을 연장하고 있는 76세 여자 환자의 가족들이[32] 병원을 상대로 제기한 인공호흡기제거 청구를 인용하는 판결(2008가합6977)을 선고하였다. 그 후 피고 병원측이 항소하여 서울고등법원(이하 '항소심'이라고 함)은 2009년 2월 11일에 일심판결을 지지하고 병원의 항소를 기각하는 판결(2008나116869)을 선고하였다. 이 판결들은 의식불명 환자에 대한 연명치료 중단에 관한 최초의 판결로서 어떤 요건하에서 치료중단이 허용되는지 그리고 그 법적 근거는 무엇인지를 밝혔다는 점에서 의의가 있다. 이하에서 그 내용을 요약하여 소개한 후 검토하기로 한다.[33]

---

31) 전지연, "현행 형법에 따른 안락사의 허용 여부에 대한 검토", 명형식교수 화갑기념논문집(1998), 179쪽 이하. 정현미 위 논문 181쪽에서 재인용

32) 환자 자신은 의식상실 상태이므로 소송제기에 필요한 변호사 대리인 선임 등의 소송행위를 할 수 없었고, 자녀 중의 일인이 특별대리인의 지위에서 환자의 이름으로 소송에 참가하였다.

33) 일심법원은 이 판결의 의의에 관하여 환자의 회복가능성이 없어 치료가 의학적으로 무의미하고, 환자의 치료중단의 의사가 추정되는 경우, 의사는 환자의 자기결정권에 기한 인공호흡기 제거 요구에 응할 의무가 있다'고 판단한 것으로 위 판결은 환자 가족들의 독자적 치료중단 청구권을 인정하지는 아니함으로써 남용의 위험성을 고려하였으며 위 판결로 인하여 의사의 치료중단의무가 인정되는 요건에 관한 사회적 논의가 확산되고 궁극적으로는 이에 관한 구체적 입법을 마련하게 되기를 기대한다는 입장을 밝혔다.

(1) 일심 판결 내용의 소개

일심 판결은 환자 본인의 이름으로 (실제로는 자녀 중 일인이 특별대리인의 지위에서) 치료중단을 청구한 것은 허용될 수 있다고 판단을 한 반면 가족들이 가족 자신의 명의로 환자를 위하여 치료중단을 요구할 수는 없다고 판단했다.[34] 이하에서 환자 본인의 이름으로 이루어진 청구에 대한 판단 내용을 구체적으로 본다.

> 의학기술의 발달로 의료장치에 의한 생체기능의 유지 및 생명의 연장이 가능해진 오늘날에는 생명의 연장이 무의미하여 환자가 삶과 죽음의 경계에서 자연스럽게 죽음을 맞이하는 것이 인간의 존엄과 가치에 더 부합하고 죽음을 맞이할 이익이 생명을 유지할 이익보다 더 큰 경우에는 의사는 인공호흡기의 제거를 요구하는 환자의 자기결정권의 행사를 거부할 수 없고, 환자의 요구에 응하여야 할 의무가 있다.
>
> 환자와 같이 의식불명의 상태에서 인공호흡기에 의존하여 생명을 연장하고 있는 환자의 경우, 죽음을 맞이하는 것이 인간의 존엄과 가치에 더 부합한다고 할 수 있기 위하여는 ① 치료가 계속되더라도 회복가능성이 없어 치료가 의학적으로 무의미하고, ② 환자가 사전에 한 의사표시, 성격, 가치관, 종교관, 가족과의 친밀도, 생활태도, 나이, 기대생존기간, 환자의

---

34) 앞의 각주 1에 인용된 대법원 홈페이지 자료 참조. 가족들 명의의 청구에 대하여는 환자의 가족들이 환자에 대한 생명연장치료로 인하여 경제적, 정신적인 고통을 받고 있다고 하더라도, 치료의 중단청구는 타인의 생명을 단축시키는 결과를 가져오므로 가족들의 독자적 청구권을 인정하는 입법이 없는 한, 가족들의 치료중단 청구권을 인정하기 어려우므로 청구를 받아들이지 아니한다고 판단하였다.

상태 등을 고려하여 환자의 치료중단 의사가 추정되는 경우라야 할 것이고, 아래에서 보는 바와 같이 환자는 위 요건을 모두 충족하므로 피고는 인공호흡기를 제거할 의무가 있다.

환자의 자기결정권에 기초한 치료거부권 및 죽음을 맞이함에 있어 존엄성을 추구할 권리는 헌법에서 직접 도출되는 권리로서 생명보호의 원칙과의 충돌을 고려한 법 해석상 위와 같은 최소한의 요건이 설정될 수 있다고 할 것이며, 이에 추가적 요건을 두거나 요건을 강화하는 입법 역시 헌법에 위배되지 않는 한 허용될 수 있다.

먼저 이 사건 환자의 회복가능성 및 치료의 의학적 무의미성을 판단하기 위하여는 환자의 치료를 담당한 병원뿐만 아니라 제3의 중립적 의료기관에 의한 진단이 있어야 한다.

이 환자에 대한 진료기록 및 환자가 입원 중인 병원이 아닌 다른 두 대학병원의 환자에 대한 진료기록감정 및 신체감정결과, 현재 환자의 주치의인 피고 병원 의사, 환자의 신체를 감정한 의사의 증언을 종합하면, 다음 사실이 인정된다. 현재 환자는 만 76세의 고령으로서 식물상태 발생 후 8개월이 경과하였음에도 의학적으로 의미 있는 개선의 변화를 보이지 않았으며 자발호흡이 불가능하여 인공호흡기에 전적으로 의지하여 호흡을 하고 있고, 뇌간 기능의 일부만이 살아있어 자발적으로 눈을 뜨기는 하나 외부 자극에 전혀 반응을 보이지 아니하고 통증자극에 대하여는 팔다리의 반사적 반응은 있으나 얼굴 표정이나 안구 운동에서 반응을 보이지

아니한다.[35]

환자의 현재 상태가 이처럼 절망적임을 고려할 때 다시 의식을 회복하고 인공호흡기 등의 항시적인 도움 없이 생존이 가능한 상태가 될 가능성이 없다고 보이고, 인공호흡기 부착의 치료행위는 상태 회복 및 개선에 영향을 미치지 못하는 치료로서 의학적으로 무의미하다고 판단된다.

치료중단 희망에 관한 환자의 추정적 의사에 관한 판단 내용은 다음과 같다.

환자의 치료 중단 의사는 원칙적으로 그 치료 중단 당시 질병과 치료에 관한 정확한 정보를 제공받았음을 전제로 하여 명시적으로 표시되어야 유효하다. 그러나 환자가 질병으로 의식불명의 상태에 처한 경우까지 중단의 의사가 명시적으로 표시되어야 한다고 볼 수는 없고, 의식불명의 환자가 현재 자신의 상태 및 치료에 관한 정보를 제공받았더라면 표시하였을 진정한 의사를 추정할 수 있다.

의사의 추정에 관하여, 환자가 의사능력을 상실하기 전에 서면으로 의사를 명확히 표시해놓았다면 이는 현재 환자의 의사를 고도로 추정할 수 있을 것이나, 서면이 없다고 하여 바로 환자의 의사를 추정할 수 없는 것은 아니고, 환자가 사전에 가족, 친구 등에 대한 구두의 의사표현, 타인

---

[35] 비록 뇌간의 일부 기능이 살아있고 뇌파의 평탄화 현상이 없어 뇌사상태라고 할 수는 없으나, 대뇌피질이 파괴되고 뇌가 전반적으로 심한 위축 상태를 보여 통상의 지속적 식물인간상태보다 더 심각하므로 뇌사에 가까운 상태라고 할 수 있다. 환자의 신체를 감정한 다른 병원 두 명의 의사 모두 환자의 의식 회복가능성이 없다고 보고 있으며, 감정증인으로 채택되어 증언한 의사의 진술에 의하면 현재 환자 상태를 감안하면 기대생존기간 역시 현재로부터 3 내지 4개월 이내로 보고 있다.

에 대한 치료를 보고 환자가 보인 반응, 환자의 종교, 평소의 생활 태도와 환자의 현재 상태, 기대생존기간, 나이 등을 종합적으로 고려하여 추정할 수 있다.

환자의 사위의 증언 내용과 가족들의 진술서의 내용, 변론 전체의 취지에 의하면, 환자는 독실한 기독교 신자로서 3년 전 남편이 심장질환으로 임종을 맞게 될 무렵 며칠 더 생명을 연장할 수 있는 기관절개술을 거부하고 그대로 임종을 맞게 하였고, 가족들에게 '내가 병원에서 안 좋은 일이 생겨 소생하기 힘들 때 호흡기는 끼우지 말라. 기계에 의하여 연명하는 것은 바라지 않는다'고 말하였으며, 환자가 병석에 누워 간호를 받으며 살아가는 장면 등을 텔레비전을 통하여 볼 때 '나는 저렇게까지 남에게 누를 끼치며 살고 싶지 않고 깨끗이 이생을 떠나고 싶다'라고 말하였던 사실에 비추어 환자는 평소 생명연장치료를 받지 아니하고 자연스러운 죽음을 맞이하고 싶다는 의사를 표시하였음을 알 수 있고, 또한 15년 전 교통사고로 팔에 상처가 남게 된 후부터 이를 타인에게 보이기 싫어하여 여름에도 긴 팔 옷과 치마를 입고 다녔던 사실에 의하면 환자는 항상 정갈한 모습을 유지하고 싶어하는 성격을 가진 것으로 보인다. 이러한 사정에다가 현재의 절망적 상태 및 기대생존기간, 현재 나이 등을 고려하면, 환자는 현재와 같은 상태를 유지하는 것보다 인공호흡기를 제거하고 자연스러운 죽음을 맞이하고자 하는 의사를 가지고 이를 표시하였을 것으로 추정된다.

(2) 항소심 판결 내용의 검토

항소심은 일심판결의 사실인정과 법적 판단은 모두 정당하다고 하면서 치료중단의 허용요건에 대하여 좀더 보충하는 취지의 판결을 선고하였다. 판결의 요지를 소개한다.

> 연명치료 중단의 허용가능성에 관하여 인간의 생명은 회생가능성이 희박하더라도 최대한 존중받고 보호받아야 한다. 다만, 헌법이 보장하고 있는 인간의 존엄과 가치에 근거한 자기결정권에 의하여 연명치료를 중단할 수 있는 경우가 있다. 그러나 무분별한 생명 단축이 허용될 수는 없으므로 연명치료의 중단은 엄격한 요건이 충족되어야 하고 그 내용을 법률로 규정하는 것이 바람직하다. 그러나 법률의 규정이 없는 현 상황에서도 다음과 같은 요건 하에 연명치료 중단은 허용될 수 있다.
>
> 첫째, 환자가 회생가능성이 없는 비가역적인 사망과정에 진입하여 있어야 하고, 둘째, 환자의 진지하고 합리적인 치료중단의 의사가 있어야 하며, 셋째, 중단되는 치료는 사망시기를 연장시키면서 현상태를 유지시키는 것에 한정하고, 통증을 완화하거나 그외 일상적인 진료는 중단할 수 없으며, 넷째, 치료중단은 반드시 의료전문가인 의사에 의하여 시행되어야 한다.
>
> 환자가 식물인간이 되어 11개월이 경과하도록 의식의 회복이나 상태개선이 없이 비가역적인 사망과정에 진입한 것으로 보이는 점과 가족 등의 진술에 의하면 환자가 일관되게 연명치료 중단의 의사를 표명한 사

(3) 판결에 관한 검토 의견

이상과 같이 법원은 환자가 평소 생전 의사표명서를 작성해 두지 않았다고 하더라도, 의료전문가의 증언을 통하여 치료를 통한 회복가능성이 사실상 없다는 점이 확인되고, 가족 등 목격자의 진술에 의하여 환자가 평소 연명치료를 거부하겠다는 의사를 구체적이고 합리적으로 표명한 사실을 인정하고 이런 상황에서는 환자가 치료 중단을 요구하였을 것이라고 추정하여 병원에 인공호흡기를 제거하여 연명치료를 중단하라는 판결을 선고하였다. 위 판결 중 환자의 의사가 표명된 경우에 그 의사에 반하여 의사가 환자의 연명 치료를 지속할 수 없다고 한 점은 수긍이 간다.

그러나, 환자의 사위나 주위 가족들의 진술들을 주된 근거로 하여 환자의 의사표명 내용을 추정한 것은 문제의 소지가 있다고 생각된다. 물론 이 사건에서는 환자의 나이가 76세로 자연수명에 근접한 고령이고, 환자의 가족들의 진술내용이 비교적 구체적이고 합리적이라서 허위의 진술 가능성이 높아 보이지는 않는다.

그러나 이런 판결들이 선례가 될 경우 향후 타 사건에서는 지속되는 진료에 따른 경제적 비용 부담이나 상속 관계에 의하여 가족들이 진술과정에 영향을 받을 가능성을 배제할 수 없다. 특히 이번 소송과 같이 환자의 가족들이 병원을 상대로 제기하는 소송에서는 원고는 물론 피고(병원) 역시 연명치료 중단에 동조하여 소송이 진행될 가능성이 높다는 점을 같이 고려하면, 가족들이 아닌 제3자의 진술이나 증언 보완이 바람직하다.

또한 회복가능성이 거의 없다는 주치의나 감정의의 단정적 의견에 기초하여 일심이 연명치료 자체를 개념이 모호한 "의학적으로 무의미한 치료"라고 단정한 것 역시 논란의 소지가 있다. 인간생명의 절대적 가치성을 고려하면 그 생명연장의 기능을 하는 치료가 무의미하다고 쉽사리 단정할 수는 없는 것이다.

4. 결 론

회복가능성이 거의 없는 지속적 식물인간 상태의 환자에 대하여 환자 본인의 명시적 의사에 기초하여 연명치료를 중단하는 것은 현행법의 해석상으로도 가능한 것으로 보인다. 서울서부지방법원이나 서울고등법원의 판결이나 법학계의 의견처럼 의사라고 하더라도 환자의 명시적 치료거부 의사가 있을 경우에는 환자에 대한 연명치료의 개시나 유지를 할 수 없는 것이다. 환자는 치료 여부나 방법을 선택할 권리가 있기 때문이다.

나아가 헌법이 보장하는 인간의 존엄과 가치 규정에는 존엄하게 살 권리와 더불어 존엄하게 죽을 권리도 있다고 해석된다. 위와 같은 치료중단 의사는 환자 본인이 평소 치료방침에 관한 의사를 일기, 편지 등에 명시적으로 표시한 경우에는 그러한 명시적 의사에 기초해야 하는 것이 원칙이다.

그러나 환자가 의사능력이 있었을 당시에 명시적 의사를 남기지 않았을 경우에는 환자가 평소 가족이나 주위의 친구에게 말한 내용, 환자의 가치관이나 종교적 성향, 타인의 치료에 대하여 보인 반응 등을 토대로 문제가 되는 상황에서 예상되는 환자의 의사를 추정할 수 있을 것이다. 이러한 경우 환자의 과거 언행에 관한 증거 판단 면에서 보자면 진료비 부담과 상속관계 등으로 복잡한 이해관계가 있을 수 있는 가족들보다는 환자의 연명에 대한 재산상, 심리상 부담이 작은 중립적 증인의 증언이 오히려 환자의 치료중단 의사의 추정에 적합할 수도 있다고 생각된다.

아울러 연명치료 중단의 무분별한 남용을 방지하기 위해서는 미국의 자연사법 등 외국의 입법례를 참고하여 관련 법률을 제정해야 할 것이다. 그러나 문제의 파급성을 고려하여 신속한 입법보다는 개별적 사안에 대한 면밀한 의학적, 법적 검토를 축적해 가면서 개별적 사례에 적합한 문제해결의 원리들을 발전시켜 나가면서 일반적인 원칙을 담은 입법 작업을 준비해 나가는 것이 더 바람직해 보인다.

생명 존엄의 교회 윤리를 향하여

연구소장/남서울대 교수 문시영

1. 존엄사, 우리 가족 일이라면...

여러 가지 이유로, 다양한 방식으로, 중환자실 복도에는 이 순간에도 초조하게 서성이는 가족들이 있다. 혹시라도 그들 중에 '존엄사'(Death with dignity)라는 단어를 두고 고민하는 말기환자 연명치료의 경우가 있다면, 신앙인으로서 당신은 그들을 위해 어떻게 중보기도하고 위로할 것인가? 목회자로서 당신은 어떻게 조언하고 기도할 것인가? 그런 일이 있지 않기를 바라지만, 당신이 만일 그 가족의 한 사람이면 어떤 생각을 하게 될까? 더구나 우리 자신이 중환자실 침상의 주인공이라면 어떻게 하는 것이 하나님의 뜻일까?

어쩌면, 존엄사에 관한 이야기는 어려운 학술적 접근보다 중환자실 풍경으로부터 시작하는 것이 현실적일지 모른다. 전문용어를 사용하는 의료진의 문제가 아니라, 법률용어로 가득한 변론과 판결의 문제가 아니라, 우리 가족의 문제로 인식된다면 좀 더 솔직하고 현실적인 답을 찾을 수 있지 않을까. 과연 우리에게는 생을 마감할 권리가 있는가? 우리가 믿기로, '주께서 오라 하실 때까지' 최선을 다해 살아야 마땅하다. 하지만, 그 순간은 언제이며 어떻게 수용되어야 하는가?

가족이 사선을 넘나드는 중환자실 복도에서 서성이기도 했고, 기적적인 회생을 기다리는 다른 이의 가족들을 위해 기도하며 눈물 쏟았던 한 사람의 목회자이자 윤리학자로서, 생사화복(生死禍福)을 주관하시는 주께서 기적을 베풀어 주시기를 소망해 본다. 솔직히, '존엄사'라는 말이 옳은 것인가, '말기환자의 연명치료 중단'이 옳은가부터 다루어야 한다고 보는 필자로서는 우리

의 이야기가 우울한 결정과 선택의 문제로 흐르지 않기를 바란다. 교회가 생
명을 살리기 위해 무엇을 해야 할지, 어떻게 기도하고 어떻게 도와야 할지 생
각하는 교회의 윤리에 초점을 맞추어야 할 시점이기 때문이다.

2. 생명존엄, 교회의 윤리이어야

존엄사 허용을 판결한 1심 재판부가 언론과 가진 인터뷰에 이런 대목이 있다. '가톨릭과 불교의 의견은 청취했으나 기독교 쪽은 교파가 많아서 어떻게 의사를 확인해야 할지 몰라 의견을 듣지 못했다'고 했다.[1] 그만큼 한국교회에 다양성과 자유가 있다는 뜻도 되겠지만 생명윤리에 관해서 한 목소리를 내지 못하는 현실을 비꼬는 것만 같아서 아쉬움이 크다.

배아복제를 반대하는 기독교의 생명윤리가 수구보수로 매도될 때, 배아복제에 대한 동일한 반대의 목소리로 언론의 조명을 받았던 가톨릭. 굳이 '따라 하기'를 시도할 필요도 없고 그들의 존중받음을 부러워할 필요도 없겠지만, 배아복제는 반대한다고 하면서 존엄이라는 명분으로 연명치료 중단은 허용하는 그들의 생각이 이해되지 않는 것은 필자만의 느낌은 아닐 듯싶다. 기독교가 안락사를 반대하는 것은 현실감이 떨어지는 것이라고 말하는 신앙인들이 여전히 우리 주변에 있다는 것 또한 아이러니한 일이다. 이러한 뜻에서, 사회적 공론의 장(場)으로 나아가기 전에 교회 안에서부터 충분한 의견수렴과 소통이 필요하다.

이를 위해, 우리는 먼저 교회를 '예수 이야기'(Jesus Narrative)대로 살아내는 공동체라고 규정했던 하우어와스(S. Hauerwas)의 윤리에 귀 기울여야 한다. 그는 교회를 예수 이야기대로 훈련받고 성숙하는 윤리공동체로 본다. 특히 반전평화를 위한 공동체적 노력을 강조한다. 예수께서 십자가를 지신 핵심이 평

---

1) 조선일보. 2008.11.29일자 〈"안락사 전체 아닌 생명유지 장치에 관한 판결"〉

화에 있다고 본 셈이다. 그의 관점은 탁월하지만 교회가 중심에 품어야 할 가치를 평화에 한정할 필요는 없다. 생명에 대한 관심을 강조해야 한다. 예수께서 십자가를 지신 것은 생명의 구원을 위한 것이었기 때문이다. 이 점에서, 필자는 하우어와스의 문제의식과 그의 의료윤리를 응용하고 싶다. 그는 의료적 치료(curing)만으로 모든 것을 종료했다고 선언하기보다 공동체적 돌봄(caring)이 필요하다고 말한다.[2] 교회가 돌봄의 공동체로 그 역할을 다해야 한다는 제안인 셈이다.

그렇다면, 돌봄의 공동체로서 교회가 해야 할 일은 무엇인가? 존엄사에 대한 사회적 논란이 가속화되고 안락사와의 개념적 분리작업이 진행될수록, 우리도 모르는 사이에 이에 대한 거부감이 줄어들지 모른다. 기독교가 신앙인들의 현실적 의견들을 반영하지 못한다는 비판과 시대의 변화에 따라 기독교도 변해야 한다는 주장에 솔깃해질 수 있다. 성경으로 돌아가 답을 찾아보려 하지만 성경은 하나님의 생명주권을 분명하게 선언하되 유전공학 및 의료기술이 제기한 문제들에 대해 신앙에 입각한 책임적 생명윤리를 요구하는 듯싶다. 몇 가지 제안하면 다음과 같다.

1) 교회 안에서부터 소통하기

첫째, 생명에 대한 결정에 신중을 기해야 한다. 존엄사. 그것은 소극적 안락사인가 혹은 연명치료의 중단인가? 용어와 개념의 혼란을 정리하는 것도

---

2) Hauerwas, S., *Vision and Virtue: Essays in Christian Ethical Reflection* (Univ. of Notre Dame Press, 1974) pp.166-186

중요하다. 하지만 더 중요한 것이 있다. 이는 '죽음에 이르는 방식'(how the death is brought about)[3]에 관한 것일 수 있다. 배틴(M. Battin)이 생명문화의 세 가지 변화 혹은 전환(transition)을 말했던 것을 응용해 보자. 첫째는 역학적(疫學的) 전환, 즉 죽음이 질병이나 감염보다 암이나 심장질환 등 퇴행성 질환에 의한 것으로 설명된다. 둘째, 죽음에 관한 종교적 태도 역시 변하고 있다. 죽음을 죄에 대한 형벌이라고 생각하는 사람이 적어지고, 자살을 죄라고 하기보다 우울증 같은 정신병리적으로 설명하는 경향이 나타난다. 셋째, 시민사회 발전에 따라 문화적 전환이 나타나 개인의 권리에 대한 강조가 죽음의 문제에도 적용되고 있다. 죽음이란 더 이상 우리에게 발생하는 것이 아니라, 우리가 시행하는 것(dying is no longer something that happens to you but something you do)이라는 생각이 두드러지고 있는 셈이다.[4]

과연, 생명은 시민의 권리인가? 혹은 하나님 앞에 서있는 인간의 책임적 의무인가? 두 관점에는 큰 차이가 있다. 생명을 권리로 보는 경우, 생명복제나 존엄사에 관대할 것이다. 죽음의 시점과 방식을 결정할 권리를 요구할 것이다. 건강한 때는 장수하기를 바라겠지만, 연명치료에 대해서는 생각을 달리할 것이다. 연명치료에 수반되는 육체적, 정신적 고통 및 무의식 상태 등을 생각할 때, 생명의 양(quantity of life)은 의미가 없다고 말할 것이다. 생명의 질 (quality of life)이라는 새로운 가치관이 자리하고 있는 셈이다. 반면, 생명을 하나님이 주신 소명을 완수하도록 주어진 의무라고 생각한다면 가치관이 크게 달

---

3)　Childress, J., "Christian ethics, medicine and genetics" in Gill. R., ed., *The Cambridge Companion to Christian Ethics* (Cambridge Univ. Press, 2005. 5th ed.) p.270

4)　Battin. M., Ending Life: *Ethics and the Way we die* (Oxford Univ. Press, 2005) p.325

라진다. '주어진 삶을 살아야 할 의무'가 있고 '생명을 보존할 의무'가 있다고 할 것이다. 고통스러운 것일지라도 생명을 스스로 버릴 수 없기에 연명치료의 중단 또한 불가하다고 생각할 것이다.[5]

여기에서 유념해야 할 것이 있다. 생명을 의무로 보려는 관점이 보수적이거나 수구적인 것으로 비난받아서는 안 된다. 생명경시와 남용에 대한 우려가 수구적인 것은 아니지 않은가. 물론, 경제적 요인 등에 대한 고려가 부족하다는 점에서 비현실성을 말하는 것은 의미가 있다. 하지만 그것도 비용에 대한 사회적 합의가 필요하다는 것이지 현실을 근거로 연명치료 중단을 합리화할 수 있다는 뜻은 아니다. 회복불가능을 선고받은 경우에라도 회생의 사례들이 없지 않으며, 생명의 주권은 하나님께 있기 때문이다.

곁들여, 한 가지 묻고 싶다. 존엄사가 존엄한 죽음이라는 뜻이라면, 그 반대말은 '추악한 죽음'인가? 필자가 보기에, 자연사야말로 가장 존엄한 죽음이다. 주께서 오라 하시는 날까지 선한 삶을 살고 주의 부르심을 받은 것이기에 가장 존엄하다. 존엄이라는 말을 남용해서는 안 된다. 특히 존엄사라는 말을 소극적 안락사 혹은 치료중단에 적용하는 것은 어패가 있다. 굳이 사용하려면, '연명치료중단' 쯤으로 바꾸어야 하지 않을까.

2) 교회가 줄 수 있는 대안찾기

둘째, 생명존엄을 위한 대안을 찾아야 한다. 안락사에 대한 토론은 자칫 생명의 신성함(the sanctity of life)에 대한 신념을 흔들어 놓고 인간존엄에 관한

---

5) 유호종. 앞의 글. 4면

문화적 거북함과 혼동을 조장하는 데로 흐르기 쉽다.[6] 이 점에 유념하면서, 교회는 개념과 문화의 혼란에 휩쓸리기보다 적극적인 대안을 찾는 것이 생명존엄을 위해 효과적이고 책임적인 자세가 될 것이다. 필자가 보기에 호스피스, 자연사 개념, 사전지시와 관련된 사회적 논의 등에 적극적인 관심이 필요하다.

호스피스를 생각해 보자. 말기환자를 위한 호스피스의 활성화 자체가 그리 간단한 일이 아니지만, 존엄사를 말하는 시점에서는 더욱 간단하지 않다. 문제는 결정의 순간이 돌발적이라는 데 있다. 호스피스의 경우, 임종 3~6개월 전 호스피스로 옮겨가는 서구와 달리 우리는 불과 2~3주를 남겨두고 입원하는 경우가 대부분이다. 가족들이 동원할 수 있는 모든 치료를 다 하는 게 도리라고 생각하기 때문이다.[7] 정작 호스피스를 결정해야 할 순간을 놓치기 쉽다는 뜻이다.

자연사법은 어떤가? 최근, 존엄사 문제와 관련하여 미국의 대부분 주(州)가 채택하고 있는 자연사법(Natural Death Act)에 관심을 가져야 한다는 목소리가 높아지고 있다. 미국에는 [집에서의 죽음(Dying at home)]이라는 책이 있을 정도로, 집에서 죽는 옛 전통으로 돌아가자는 운동도 있다고 한다. 말기환자의 요청에 의해 퇴원을 시키는 경우 등이 해당될 듯싶다. 우리의 경우, 의료인의 현실적 판단에 맡겨져 있을 뿐 구체적인 제도가 없다는 점도 문제라 하겠다.

그리고 사전지시에 관한 생각들이 정리되어야 한다. 불의의 경우를 대비하여 자신의 뜻을 미리 서약하고 표현해 놓는 제도로서, 'Advanced

---

6) Human dignity p.25
7) 동아일보. 2008.12.18일자 〈"외국선 6개월 前 평온하게 떠날 준비"〉

Directives'의 번역어이다. 예를 들어, 생전유언(living will), 심폐소생술 거부(DNR: Do Not Resuscitate)서약 등이 여기에 속한다. 우리의 경우, 생전유언이 합법화되어 있지 않다. DNR의 경우, 의료현장에서 시행되는 경우도 있다는 자료들이 인터넷에 검색되기도 하지만, 이 역시 법률적, 제도적 장치가 마련되어야 하는 형편이다.

여기에서, 연명치료의 중단을 결정하는 것과 치료 안 받기를 결정하는 것은 다르다. 가령, 환자가 사전지시를 통해 연명치료의 경우가 되면 치료중단으로 죽음에 이르게 해 달라고 표현하는 것과 연명치료를 받기보다 호스피스를 선택하는 것은 분명 다르다. 더구나 결정이라는 말도 유의할 대목이 있다. 생명에 관한 결정은 하나님께 속한 것이요, 우리는 그 결정을 존중하고 수용할 책임과 의무가 있다. 다만 우리에게 연명치료를 계속할 것인가 혹은 호스피스를 받을 것인가를 선택할 결정의 기회가 있을 뿐이다. 사전지시 혹은 사전의사결정이라는 것은 이러한 범위 안에서만 의미가 있다. 그것도 변경가능한 것이어야 한다. 언제라도 철회 및 변경할 수 있는 권리가 보장되어야 한다는 뜻이다.

문제는 세 가지 대안 모두 존엄사의 시점에 충분히 앞서 있다는 점이다. 환자가 의식을 잃고 연명치료의 단계로 접어들게 되면, 존엄사라는 사회적 논란의 한 복판에 휩쓸리기 쉽다. 이것이 바로 존엄사 문제의 특수성이다. 법원의 판례가 세워지기를 바라는 것이나 입법을 통한 제도적 장치를 마련해달라는 것은 이러한 특수성에 대한 합법적 용인을 요구하는 것이라 할 수 있다. 사전지시에 관한 논의가 필요한 이유 역시 여기 있다.

아울러 제안하고 싶은 것은 '병원의료윤리위원회'와 같은 결정기관의 활성화이다. 장기이식을 위한 뇌사의 판정에 '뇌사판정위원회'가 법제화되어 있듯, 존엄사 혹은 연명치료에 관해서도 '연명치료중단 판정위원회'가 설치되어야 한다. 이는 허용을 전제로 하는 제안이 아니라 분명한 기준에 의한 규제의 필요성을 말하는 것이다. 남용을 방지하고 엄격히 규제하자는 뜻이다. 이를 위해 종교인과 의료진, 윤리학자와 사회복지사 등의 종합적인 토론이 가능해야 한다. 그리고 의료진의 판단에만 맡길 것이 아니라 환자의 가족들에 대한 충분한 정보제공의 의무 등의 제도화가 필요하다. 연명치료의 비용에 대해서도 사회적 합의를 통해 제도적으로 뒷받침 되어야 할 것이다.

안락사 금지는 분명하다. 생명경시를 부추기는 그 시도는 어떠한 것이라도 정당화될 수 없다. 존엄사에 대해서도 신중하게 접근해야 한다. 그러나 존엄사에 관한 사회적 논의가 본격화되는 때, 교회는 주도적으로 참여할 준비를 충분히 해야 한다. 호스피스, 자연사법, 사전지시를 포함한 제도적 법률적 논의에 충분히 대비하여 기독교의 입장을 분명하게 제안해야 한다. 영향력을 발휘하자는 뜻이다. 이 글이 하고 싶은 말이 바로 이것이었다. 한 가지, 덧붙이고 싶은 것이 있다. 생명의료윤리의 문제들이 제기될 때, 교회 안에 있는 신실한 전문가들의 참여를 독려하고 보장해야 한다. 목회자의 목회언어로 회중을 향해 설교하는 것은 그 다음 일이어야 한다. 이 분야 전문인과 윤리학자들의 심도있는 논의가 충분히 이루어진 다음에 교회의 입장을 말해도 늦지 않다.

3. 부활이요 생명이니...

　　지금 이 순간, 중환자실의 안타까운 상황들은 죽음에 대한 여러 생각들을 교차하게 한다. 존엄사를 말하기 시작한 것 자체가 그렇다. 우리도 모르는 사이, 생명에 대한 희망이 희석되거나 존엄사에 대한 거부감이 희석되거나 친숙해지고 있는 것은 아닐까? 가만히 보면, 죽음과 삶은 그리 멀지 않다. 우리말만 보아도 그렇다. '죽인다' 또는 '죽겠다'는 표현이 꽤 많다. '분위기 죽인다', '힘들어 죽겠네', '아파 죽겠네', 심지어 '좋아 죽겠네'까지 있다. '죽겠다'는 부정적(negative) 표현이 '살겠다'는 긍정적(positive) 표현 보다 자연스러운 이유는 무엇일까. '늙으면 죽어야 한다'는 말이나 '내가 너무 오래 살았다'는 말이 과연 무엇을 담고 있을까? 정말 죽고 싶어서라기보다 생명과 삶에 대한 강한 욕구의 반어적 표현일 듯싶다. 존엄사라는 말 자체가 어둡고 우울하지만, 죽음을 향한 부정적 이야기로 흘러서는 안 된다.

　　우리가 아는 것처럼, 영화 '밀리언달러 베이비'는 안락사에 대한 고뇌와 갈등을 다루는 것 같지만 결과적으로 안락사를 미화하고 있다. 이 영화는 지금 이 순간, 사랑하는 가족을 중환자실에 두고 회생의 기적을 기다리는 사람들에게 심각한 질문을 던진다. 삶과 죽음에 관한 결정은 누가 어떤 기준에 의해 내려야 하는가? 과연 무엇이 인간의 존엄을 위한 조건이며 결정인가? 반면, '쉰들러 리스트'라는 영화 역시 우리에게 많은 것을 시사해 준다. 의료문제를 다룬 영화는 아니지만, 넓은 의미에서 '생명을 살려내는 일'에 대한 깊은 인상을 주었다.

존엄사를 둘러싼 사회적 논의가 교회에 생명의 존엄을 위한 길을 묻는 시대, 교회의 이야기는 달라야 한다. 존엄사를 다루는 과정에서 하나님의 생명주권에 관한 신앙의 고백은 변경될 수 없다. 생명을 살리는 노력은 포기할 수 없다. 교회는 예수 이야기로 살아야 한다. 부활이요 생명이신 예수 그리스도의 말씀을 실천함으로써 시민사회의 대안세력이 되어야 마땅하다.

예수께서 이르시되 나는 부활이요 생명이니

나를 믿는 자는 죽어도 살겠고 (요11:25)

제2부

교회, 생명의 길을 보여주어야

인권의 성찰
진정한 존엄성을 바라보며

신앙적 통찰
죽음을 넘어서

철학적 전망
존엄한 삶의 비전을 세워가자

인권의 성찰 진정한 존엄성을 바라보며

연구위원/ 호남신대 교수 김형민

1. 변화하는 죽음의 문화

안락사에 대한 논의는 오랫동안 타부시되었다. 안락사하면 나치 독일이 범했던 끔찍한 집단학살이 상상되기 때문이다. 그들은 살만한 가치가 없다고 임의적으로 판단한 인종이나 사람들을 대상으로 의료살인을 서슴지 않았다. 하지만 오늘날 시한부 환자, 중증 장애인, 의식불명으로 장기간 누워 있는 사람들에 대한 의료적 치료의 가능성과 한계에 대한 논의가 활발해지면서 안락사를 보편적 죽음의 한 방식으로 받아들이자는 주장이 힘을 얻고 있다. 이미 네덜란드는 국민 다수의 지지로 안락사를 합법화하였고 벨기에도 그 뒤를 따랐다.

최근 우리 사회에서도 안락사의 합법화를 옹호하는 사람들이 늘어나고 있다. 안락사는 비도덕적 행위가 아니라 육체의 고통이나 죽음의 공포로 괴로워하는 사람들에게 약물이나 기계장치를 통해 편안한 죽음을 안겨주는 좋은 죽음의 방법이라는 것이다. 더욱이 안락사를 존엄사의 한 형태로 보기도 한다. 사람이라면 누구나 존엄하게 살 권리가 있듯이 죽음의 과정에서도 고통이나 괴로움 없이 이승에서 존엄하게 퇴장할 권리를 부여해야한다는 주장이다. 하지만 안락사는 그렇게 쉽게 접근하거나 해결할 수 있는 문제가 아니다. 삶이 그렇듯이 죽음에 대한 판단도 복잡하고 다양한 개인과 사회의 가치관과 사회적 영향력 등을 고려해야 하기 때문이다.

안락사에 대한 논의를 분석해 보면 흥미로운 결과를 발견하게 된다. 안락사를 찬성하든 혹은 반대하든 간에 인간의 존엄성에 그 근거를 두고 있다는 점이다. 안락사를 옹호하는 자들이 중시하는 법적 근거는 개인의 자율성이다. 인간의 자율은 인간존엄의 증거이며 누구나 자기 스스로 죽음을 선택할 수 있는 결정권을 가진다는 말이다. 따라서 그들에게 안락사는 인간존엄의 한 실천 방법이다.

하지만 안락사를 반대하는 편도 그 근거를 인간존엄에서 구한다. 인간의 침해할 수 없는 선험적 존엄성에 근거해, 인간의 생명이란 살 가치가 있다거나 없다고 평가할 수 없다는 것이다. 인간의 존엄성과 인간생명의 보호의 비분리성을 주장하면서 인간의 자결권보다는 인간의 생명권을 앞세운다. 그런 점에서 우리의 주제인 존엄사는 먼저 개념적 명확성을 요구한다.

존엄사는 생명의 시작에서는 물론 생을 마감하는 때에도 존엄해야 한다는 윤리적이며 법적 과제인 것을 알 수 있다. 필자는 이와 같은 문제의 양면성을 고려하면서 존엄사에 대한 찬반의 입장을 안락사의 문제와 연관해 기술해나가고자 한다.

2. 죽음의 동반자

필자가 이해하기로, 안락사는 조력사의 일종이다. 안락사가 환자의 죽음을 직접 돕는 행위라면 조력사는 죽음의 과정만을 동행하는 점에서 개념적 차이가 있다. 그 영향력에서 볼 때, 안락사와 자살은 원칙적으로 동일한 죽음의 과정으로 판단되기도 한다. 차이가 있다면 안락사는 의료인의 도움을 받으면 죽고 자살은 도움 없이 죽는다. 실제적으로 네덜란드와 벨기에는 안락사를 죽어가는 사람에게만 적용하지 않고 아직 죽음의 과정에 있지 않아도 고통 가운데 불치의 병으로 누워있는 모든 환자에게 확대, 적용하여 문제가 되고 있다. 그렇기에 의사가 환자에게 미치는 영향과 환자의 의지에 따라 안락사에 대한 이해가 달라질 수밖에 없다.

먼저 의료인이 환자에게 주는 영향은 세 가지로 유형으로 분류된다. 첫째는 적극적 안락사로, 의료인이 환자의 죽음에 직접 간여하는 행위이다. 둘째는 소극적 안락사로, 치료의 포기나 중단을 통해 죽음에 이르게 하는 행위이다. 셋째는 간접적 안락사로, 환자의 고통을 완화하기 위해 죽음의 위험을 감수하면서도 적극적 치료에 나서다 죽음에 이르게 하는 행위이다.

가톨릭 도덕론은 이중효과의 원칙, 말하자면 행위자는 원래 자신이 의도하지 않았던 부정적 행위결과에 대해서는 도덕적 책임을 지지 않는다는 원칙에 따라 간접적 안락사를 도덕적으로 정당화한다. 간접적 안락사에는 의사의 의료적 의도를 고려한다는 장점이 있을 수 있으나 치료의 과정을 의사에게만 일방적으로 위임하는 단점이 있다.

　　환자의 의지에 따라 안락사를 구분한다면, 먼저 환자의 자발적 의지에 따라 행해지는 자의적 안락사가 있다. 그리고 환자에게 대응능력이나 동의능력이 없을 경우 그 대신 타자가 죽음을 결정하는 비자의적 안락사가 있다. 더 나아가 환자의 분명한 삶의 의지나 의사에 반하여 수행되는 반자의적 안락사도 있을 수 있다. 이 모든 것을 종합해볼 때, 안락사란, 불치의 병으로 고통을 받으며 죽어가는 자의 평화로운 죽음을 돕기 위해 어느 타인이 죽어가는 자를 죽이거나 죽도록 돕는 행위를 뜻한다. 하지만 여전히 남은 문제는 과연 안락사가 과연 인간의 존엄성의 원리와 합치하느냐는 질문이다.

3. 자율권과 생명권

　　이미 언급했듯이 안락사에 대한 두 가지 상반된 입장이 존재한다. 먼저 안락사 옹호자들은 인간의 자율성을 인간존엄의 징표로 판단하고 죽음에 대한 결정은 순전히 환자의 자율적 선택을 통해 결정되어야 한다고 말한다. 반면 반대자들은 모든 인간에게 날 때부터 주어진 존엄은 생명의 가치에 대한 어떤 판단도 허락하지 않는다고 보고 이를 거부한다.

　　이 두 주장은 인간의 존엄성이라는 동일한 논거에 근거해 상반된 결론을 도출하고 있다. 옹호자들은 인간존엄의 이념과 생명의 보존을 동일한 사안으로 판단하지 않고 각 개인의 자율적 결단력이 존중될 때만이 인간존엄은 실현된다고 판단한다. 하지만 반대자들은 인간의 존엄과 육체적 생명 사이에 뗄 수 없는 결합을 주장한다. 왜냐하면 인간생명의 절대적 보호는 인간존엄이 실현되기 위해 반드시 필요한 가능조건이기 때문이다.

　　신학적 논의에도 이 두 견해가 공존하는데, 이는 작위와 부작위에 대한 신학적 논쟁과 연관되어 있다. 작위 혹은 부작위 중 하나님이 원하시는 것이 무엇이가에 대한 입장에 따라 안락사에 대한 의견이 갈린다. 안락사를 지지하는 자들은 작위적 행위를 하나님의 창조위임에 대한 적극적 실천으로 판단하고, 반대자들은 창조의 역사에서 인간은 원래 수동적 역할밖에는 못했다고 보고 부작위를 주장한다.

　　찬성자들은, 하나님의 위임을 받은 인간은 안락사에 대한 소원과 같은 어떤 결단상황에서 기꺼이 스스로 책임과 자유를 행사해야 한다고 주장한다.

이러한 위임행위는 존엄하게 지음 받은 인간의 특권이라는 것이다. 특히 환자가 자율적이며 분명하게 자신의 소원을 공표했을 때 안락사는 신학적으로 가능하다고 본다.

　　반면 반대자들은 하나님의 창조능력과 생명에 대한 하나님의 전권을 강조한다. 인간의 존엄성이 생명보호의 근거가 되기보다는 먼저 인간생명이 보호되는 곳에서 존엄한 삶의 가능성이 보장된다. 하지만 안락사는 생명을 죽임으로 이러한 가능성을 말살시킨다고 확신한다.

4. 미끄러운 경사길

흔히 사람들은 안락사의 허용이 미끄러운 경사길(slippery slope)로 치닫게 되는 것을 염려한다. 죽어가는 환자나 회복이 불가능한 환자에게 적극적 안락사가 허용되면 신생아나 의식불명의 장애인의 비자발적 안락사까지 확대될 것을 염려하게 된다. 이러한 염려 때문에 안락사법이 의사가 환자의 생명권을 지나치게 간섭하는 온정주의라는 비난을 받기도 한다.

하지만 안락사 옹호자들은, 안락사의 인정이 미끄러운 경사길이 된다는 경험적 증거는 아직 없다고 주장한다. 왜냐하면 네덜란드에서 안락사가 합법화된 후 더 많은 의사들이 안락사나 조력자살을 시행할 것으로 예상했으나 실제로는 그 숫자가 줄었기 때문이다. 1995년과 2001년을 비교해 본 결과 안락사의 시행은 20%에서 12%로 줄었다. 과거에 비해 환자의 동의 없이 안락사를 시행하는 의사가 숫자가 줄었고 안락사보다는 고통완화치료를 선택하였다.

그렇다고 미끄러운 경사길에 대한 염려를 불식시킬 수 있는 분명한 근거가 없는 것도 사실이다. 미끄러운 경사길 논증은 감상적인 면이 없지 않으나, 사회적 성숙도에 따라 사회적으로 쓸모없다고 판단하는 의료적 약자를 대상으로 임의적으로 안락사가 시행될 위험성은 항시 열려있다.

5. 개인과 사회의 연대

인간의 자율적 결단과 생명의 보존 중 어디에 우선권을 둘 것이냐는 질문 안에는 사회윤리와 개인윤리의 긴장관계가 존재한다. 사회윤리가 모든 생명의 보편적 보호를 요청한다면 개인윤리는 개인의 자결권을 강조하기 때문이다. 하지만 개인과 사회로의 이론적 구분은 실천의 장에서 종종 연합하는 것을 본다.

예컨대, 많은 사람들이 안락사의 합법화를 도덕적으로 비난하고 그 사회에서 비슷한 발전이 이루어지지 못하도록 저항하고 반대하지만, 개인적으로 가까운 이웃이 회복불가능한 혼수상태에 빠지거나 참을 수 없는 고통으로 죽음을 기다리며 신음할 때 환자의 개인적 삶에 어떤 방식으로든지 관여해야 할지를 고민하게 된다.

사회적 질서를 위해 생명보존을 위한 엄격한 규정을 요청하면서도 각 개인의 운명에 대해 양보하거나 방기하는 태도를 취할 수 있다. 개인적이며 사회적인 면 모두를 함께 아우르는 조화로운 결론을 내리기란 그리 쉽지 않다. 둘 중 한편에 기울이기 마련이고 이에 따라 인간존엄에 대한 태도도 달라진다.

안락사를 고통에 직면해 있는 개인의 문제로만 보고 존엄사의 가능성을 인정하는 자들은 인간의 존엄성을 침해한다. 왜냐하면 그들은 법적으로 보장된 인간의 보편적 생명권의 기반을 파괴할 수 있기 때문이다. 이 주장은 미끄러운 경사길로 굴러갈 수 있다. 하지만 모든 생명을 사회적으로 보호되어야 할 보편적 생명으로 보고 미끄러운 경사길로의 발전을 염려하며 안락사를 거부하여도 역시 인간의 존엄성은 침해된다.

사회적 생명질서의 확립을 위해 안락사를 거부할 경우, 칸트적 의미에서 환자 개인을 수단을 위한 목적으로 봄으로 그의 존엄성을 침해하게 된다. 개인은 보편 속으로 소멸될 수 없다. 이 말은 사회윤리적 관점에서 존엄사에 대한 주장을 받아들일 수 없으나 개인이 처해 있는 상황에 따라 법적으로 예외적인 경우가 없지 않다는 말이다.

6. 성경과 생명의 존엄

성경에서 안락사에 대한 구체적 허락이나 금지를 직접 도출하는 것은 헛된 일이다. 그렇기에 성경에 나타난 삶과 죽음에 대한 인간학적 주장에 따라 해답을 찾아보아야 할 것이다. 분명한 사실은, 성경이 생명보호와 인간존엄 모두를 변호하지만 이것이 안락사를 반대하는 주장은 물론 찬성하는 근거도 될 수 있다는 점이다.

성경은 창조신학에 따라 생명의 근원을 설명하고 생명의 보호를 신앙인의 의무로 규정한다. 창조주 하나님은 삶과 죽음을 주관하시는 유일한 주님이시고 그렇기에 살인행위는 하나님에 대한 거역과 도전이다. 뿐만 아니라 하나님이 지으신 인간의 생명은 존엄하고 신성하다. 하지만 이와 같은 신학선언은 쉽사리 도전을 받는다. 생명의 신성함에 대한 주장은 마치 의학적이며 기술적 도움이 없이도 살아갈 수 있는 인간의 자연적 삶이 가능하다는 오해와 인상을 줄 수 있다. 실제적으로 모든 인생은 평생 의료의 도움을 받으며 살아간다. 인간의 소원하는, 병도 고통도 없는 자연적 삶이란 존재하지 않는다. 그렇기에 의료기술의 도움 없이 존엄하고 신성한 삶을 살겠다는 주장은 삶의 현실에 대한 과장이며, 창조주 하나님이 인간에게 위임하신 책임을 회피하는 행동이 될 수 있다.

성경에서 말하는 인간의 존엄은, 하나님께서 인간에게 부여하신 창조의 첫 자리만이 아니라 인간이 스스로 형성해야 할 창조적 삶에서도 실현되어야 한다. 다시 말해, 인간의 존엄성은 추상적 칭호가 아니라 역동적 개념으로 인간의 탄생에서 죽음까지 모든 형태의 실존 속에서 실현되어야 한다. 하나님이 주신 생명의 존엄성은 인간의 자율성과 모순되지 않는다. 그리스도께서 우리 인간을 죄로부터 구원해 주심으로 참된 자율적 존재가 되었다. 그렇기에 안락사에 대한 찬반도 하나님의 창조와 구원, 인간의 종속과 자유라는 두 축에서 살펴보아야 한다.

성경은 여러 가지 모습의 죽음을 말한다. 무엇보다 죽음은 원죄에 대한 하나님의 심판의 결과가 아니다. 인간이 죽어야 한다는 사실은 하나님의 형상대로 지음 받은 인간의 한 속성으로 인간의 존엄과 모순되지 않는다. 물론 구약성경은 죽음을 부정적 시각에서 기술하기도 했다. 죽을병을 하나님의 심판이나 사회적 고립상태로 생각하였고(시 41:5), 너무 이른 죽음도 두려워하며 죽음을 하나님과 멀리 떨어진 장소로 보았다(시 88). 이러한 부정적 시각 말고도 수를 다한 죽음에 대한 긍정적 시각도 있다(창 25:8, 35, 38). 삶의 충족 외에도 죽음은 인간의 허약함과 미완성과 단편성을 의미했다(창 49:33; 신 34:6이하; 왕상 1). 아브라함, 모세, 욥의 운명과 같이 이상적 죽음이란 없다. 야곱의 이야기같이 선한 죽음은 인간의 선한 업적을 통해 얻어지는 것이 아니라 오직 하나님의 선물일 뿐이다(창 46:30). 성경은 죽음을 작위와 부작위와 연관하여 설명하지 않는다. 성경에서 죽음과 병이 하나님의 심판으로 판단되기도 하지만 좋고 나쁨으로 구분하거나 판단할 수 없는 죽음도 많다.

신약은 죽음에 대한 세 가지 그림을 그린다. 첫째는 중성적 죽음으로, 죽음을 자연적이며 피할 수 없는 필연으로 이해하는 경우다. 둘째는 적대적 죽음으로, 죽음을 죄의 삯으로 보는 경우이다. 셋째는 호의적 죽음으로, 죽음을 예수 그리스도에 대한 믿음에 근거해 인식하는 죽음이다. 호의적 죽음은 약속의 성격을 가지고 있다. 죽음에 대한 구약과 신약의 근본적 차이는 부활에 대한 소망으로, 죽음의 상태는 구약과 같이 하나님과 멀리 떨어진 장소가 아니라 죽은 후에도 계속되는 관계의 상황이다.

하지만 원수 같은 죽음의 세력과 계속 싸워야 한다. 기적과 부활은 하나님 나라의 시작을 알려 주었고 종국적으로 죽음은 극복될 것이다. 중병으로 죽어가는 자에 대한 당시 사회적 통념과는 달리, 예수는 자신의 사역에서 허약한 자들을 돌보시고 이들을 공동체 안으로 받아들이셨다. 십자가에서 그리스도의 죽음은 하나님과 인간을 화해시키는 사건일 뿐만 아니라 죽음을 통해 죽음을 극복한 사건이다. 예수는 십자가를 통해 죽음을 상대화시켰다. 바울은 믿지 않는 자는 이미 죽음의 통치 아래 사는 것이요 믿는 자는 죽어도 하나님의 영원히 함께 살게 될 것을 선포하였다. 결국 신구약 성경에서 볼 때 삶과 죽음의 역설은 쉽사리 해결되지 않는다. 오히려 신앙은 종말론적 소망을 통해 생명의 절대적 가치를 상대화한다.

7. 죽음의 예술

성경은 생명의 거룩함을 선포한다. 또한 이는 인간존엄과 생명보호의 비분리성을 말한다. 그렇기에 적극적 안락사는 분명 인간의 존엄성을 침해하는 행위이다. 하지만 존엄사라는 이름으로 소극적 또는 간접적 안락사가 시행되는 경우에도 마찬가지이다. 안락사가 시행될 경우 인간존엄의 보호와 침해의 분명한 벽을 세우는 것은 쉽지 않다. 어떤 이들은 중세로부터 내려온 죽음의 예술(ars moriendi)을 부활시켜 존엄사의 근거를 제시하려고 노력하였다.

죽음의 예술이란, 천국에 가기위해 어떻게 죽음을 준비해야 하는지를 가르치기 위해 집필된 죽음 안내서로서, 악마의 유혹에 넘어가지 않고 천사들의 보호를 받으며 품위 있게 죽는 법을 안내하고 있다. 페스트로 인해 많은 사람들이 죽고 자기에게도 점점 더 죽음이 다가왔던 위기상황에서 신앙의 힘을 빌려 죽음의 불안감을 해결하고자 했던 중세시대의 역사적 산물이다. 이미 교회의 사제를 포함한 대부분의 사람들이 전염을 두려워하며 도망쳤기 때문에 그들은 고독 속에서 외로이 죽음을 맞이해야만 했다.

사실상 서구에서 죽음의 예술이라는 말은 오랫동안 잊혀져왔다. 그러던 중 근대자연과학의 아버지인 베이컨(F. Bacon)이 그의 책에서 죽음의 예술을 의사가 환자의 편안한 죽음을 돕는 행위로 서술하였다. 이는 산파의 역할과 비교되었는데 산파가 보다 편안한 생명의 탄생을 돕는 것처럼 죽어가는 자를 돕는 죽음의 기술이 필요하다는 주장이었다. 그렇다면 죽음의 예술은 편안한 죽음으로서의 안락사를 정당화하기보다는 어떻게 하면 죽어가는 자와 인격적 친교를 나누며 돌볼 수 있느냐는 문제에 관심을 두고 있다고 하겠다. 신앙의 눈에서 보면, 참된 죽음의 예술은 고통 속에 죽어가는 자까지도 하나님의 사랑에서 끊을 수 없다는 확신 가운데 살아가도록 가르치는 예술이어야 한다.

이러한 목적을 위해 안락사와는 다른 의료적 대안이 생겨났다. 그것은 호스피스운동과 완화치료이다. 완화치료는 죽어가는 자들의 돌봄과 의료와 영적 동반을 함께 이루는 통합적 개념이다. 고통완화의학은 환자가 고통의 공포와 싸울 수 있도록 도우며 자신의 죽음을 가까운 사람과 나눌 수 있는 시간을 만들어 준다. 호스피스운동은 의료기술의 공포와 죽어가는 자가 죽음의 고독과 싸울 수 있도록 돕는다. 이를 통해 죽어가는 자는 물론 돌보는 자의 존엄성도 함께 실현된다.

8. 인간성의 기본원칙

1990년 독일 이절론 기독교 아카데미의 '의사와 상담자'라는 연구모임
이 '인간존재와 인간성 이해를 위한 여덟 가지 기본원칙'을 발표했는데 존엄
사에 대한 신앙적이며 윤리적 판단을 위해 유익하다는 생각이 들어 소개한다
(Materialien für den Dienst in der EKvW, Reihe B., Heft 80).

❶ 조건에 따라 타인의 생명을 살만한 가치가 있다(혹은 없다)고 평
 가하거나 대우할 수 있는 권리를 가진 자는 없다.

❷ 타인은 물론 자신을 죽일 권리를 가진 자는 없다. 인간의 자결권
 에서 자살할 권리를 도출할 수 없다.

❸ 자신의 삶을 의미 없는 삶으로 받아들이도록 지속적으로 강요할
 권리를 가진 자는 없다.

❹ 지속적으로 중태에 빠져 있다고 해서 그의 삶의 상황을 그에게 의
 미 없는 것으로 보거나, 생명이 살아갈 능력이나 의지를 키워나가
 지 못한다고 판단할 권리를 가진 자는 없다.

❺ 오직 타인을 희생시킴으로, 말하자면 타인이 자신의 삶을 구성해
 갈 공간, 수단 또는 소망을 빼앗아, 자기실현을 이룰 권리를 가진
 자는 없다.

❻ 동정심을 거절함으로 타인의 삶에 대한 용기와 소망을 빼앗을 권
 리를 가진 자는 없다. 동정심으로 타인을 살해하는 행동은 오히려

동정심을 거부한 살인으로 의심할 뿐이다.

❼ 불가피하게(예컨대, 사고를 당해) 받게 된 동반의 과제를 감당할 수 없는 사람이 있다고 판단할 권리를 가진 자는 없다.

❽ 실수를 인정하고 받아들일 때만 우리의 인간됨이 보존될 수 있는 자리에서조차, 사과를 요구할 권리를 가진 자는 없다.

9. 죽은 자의 존엄

이제까지 인간의 존엄성과 관련해 존엄의 죽음의 가능성과 문제점을 살펴보았다. 인간이 존엄하다는 선언만으로 안락사에 대한 찬반논쟁을 결론지을 수 없음이 분명하다. 인간의 존엄은 다양한 차원의 함의를 갖기에, 경우에 따라 달리 판단될 수밖에 없으며 우리가 기대하는 확실한 신앙적 대답을 내리기도 쉽지 않다. 존엄사는 아직 우리에게 정의되지 않은 불분명한 개념일 뿐이다.

존엄하게 죽은 일은 근본적으로 환자의 권리라고 말할지도 모르겠다. 하지만 앞에서 살펴본 것과 같이 어떻게 죽은 것이 존엄하게 죽는 것인지 일치된 의견이 없다. 삶의 종착역에 이르러서야 현대의학이 기술적으로 가능한 모든 것을 해야 하는지, 그리고 그렇게 해도 좋은지를 물을 수 있을 뿐이다. 죽음도 출생과 같이 삶의 한 단면임을 부정할 수 없다.

하지만 누군가 존엄하게 죽을 권리가 있다고 해서 스스로의 생명을 끊거나 타인이 그의 생명을 죽일 수 있는 권리까지도 소유했다고는 보기 어렵다. 환자의 참기 어려운 고통이 존엄사로서 안락사를 인정할 수 있는 근거는 될 수 없다. 의료인은 타자로서, 단지 외롭게 죽어가는 자의 삶의 과정을 함께 갈 뿐이다. 환자의 자결권은 죽음의 순간에도 존중되어야하지만 살인하지 말라는 계명은 그 순간에도 지켜져야 한다.

고도로 발전한 현대의 의학기술의 조건에서 작위와 부작위, 죽음과 죽임 사이의 구별이 윤리적 상관성을 갖는 경우도 있다. 하지만 이것도 어떤 절대적 원칙에 따라 실행되기보다는 각각의 상황에 따라 판단되어야 할 것이다. 특별히 동의능력이 없는 환자의 생명권은 보호되어야 한다. 결국 죽음조차도 인간의 존엄성을 말살하지 못한다. 죽은 자도 존엄하다. 그런즉 존엄한 죽음은 죽어가는 자의 과거와 현재와 미래를 함께 고려할 때 바르게 판단될 수 있다.

죽음을 넘어서

연구위원/ 백석대 교수 이장형

1. 큰 틀에서 바라보자

목회를 하는 친구나 선후배들을 만나면, 목회 현장에서 일어나는 다양한 이야기들을 들을 수 있다. 교회가 성장하고 아름답게 세워져가는 이야기도 있고, 목회자들 사이 혹은 교인들과 목회자 사이의 불미스러운 갈등도 접하게 된다. 현대사회에서 목회가 전문화되었다고 하더라도, 역시 목회는 이 모든 것을 아울러야 하는 종합적인 직능이 아닐까 생각해본다. 교회의 전통과 규모에 따라서 차이가 있겠지만, 목회자는 예배의 주관자로서, 교회행정의 책임자로서, 교인들 및 가족의 상담자로서 다양한 역할을 요구받고 있다.

어떤 면에서, 한국의 목사는 슈퍼맨이기를 요구 받는지도 모른다. 여기에서 안타까운 일들이 생겨난다. 너무 다양한 요구를 받다보니 근본적인 성찰이나 충분한 훈련의 기회를 갖지 못하고 관행적으로 답습하는 경우가 많다는 점이다. 또한 새로운 문제가 대두되었을 때 성숙한 대응을 못하는 경우도 있다. 우리의 주제인 존엄사 역시 마찬가지이다. 기독교 생명윤리라는 큰 틀에서 보아야 하건만, 과연 얼마나 이 문제에 대해 폭넓고 깊은 생각을 했을지 자문하게 된다. 이러한 뜻에서, 이 글에는 찬반양론에 따른 명백한 답을 제공하기보다는 목회자들에게 정보를 제공하고 제안하는 기회가 되기를 바라는 마음을 담았다.

2. 객관적 이해를 위해 노력하자

모든 문제가 그렇듯, 존엄사도 주관적 판단과 이해에 앞서 객관적인 이해와 정보를 가져야 한다. 특히 죽음의 문제는 생명과 함께 논의되어야지, 죽음 자체나 죽음의 방법이나 시기라는 구체적인 문제에 집착해서는 답을 얻을 수 없다.

지금 우리가 처한 상황은 생명문화 전반에 대한 검토를 요청하고 있다. 예를 들어, 출산율 저하의 문제를 생각해 보자. 인구폭발의 걱정 때문에 '둘만 낳아 잘 기르자'고 외치던 때가 오래 전이 아닌데, 어느덧 다양한 출산장려책이 나오고 있다. 1970년에 4.53명이던 출산율이 1980년에는 2.83명, 1985년 1.67명, 1995년 1.64명에서 2004년에는 1.16명에 그치게 되었다. 1970년과 2000년을 비교하면 출생률이 3분의 1로 떨어진 것이다. OECD국가 중에서도 최하위에 속하며, 이런 추세라면 2022년에는 사망자 수가 출생자 수를 넘어서 인구감소 현상이 나타날 전망이다.

이러한 출산율 저하의 원인은 무엇인가? 과도한 자녀교육비와 주거비용 등 여러 원인이 있을 것이다. 그러나 빼놓을 수 없는 중요한 원인 중 하나는 '생명' 및 '출생'의 소중함이 상실되고 있다는 점이다. 부끄럽게도 세계 최고를 기록하고 있는 자살률 또한 삶의 의미를 상실한 데서 온 결과이다. 생명의 종교로서 기독교가 제대로 책임을 감당했다고 볼 수 없는 상황이다. 이러한 뜻에서, 죽음의 문제를 넘어 생명 자체에 대한 관심이 우선적으로 요청되고 있다. 나아가 존엄사 문제는 생명문화의 관점에서 재조명되어야 한다.

필자가 알기로, 포괄적인 질문이 아니라 구체적인 문제로 '생명이란 무엇인가'라는 구체적인 질문을 던지기 시작한 것은 20세기 말부터이다. 이전에 논의된 '생명'에 대한 설명은 대부분 생명을 근접하거나 설명할 수 없는 신비로운 것으로 보았다. 플라톤은 생명을 '내적인 운동의 힘'으로 보았고, 생명의 원리를 '영혼'이라고 보았다. 더구나 영혼은 불사불멸이라 보았고 생명과 반대되는 개념을 '죽음'으로 설명했다.

말하자면, '죽음'이란 생명과 별개의 것이 아니라 전체로서의 생명에 속한다. 일반적으로, 인간에 대한 생리학적 정의에는 다음과 같은 특징이 속한다. 성장(growth), 감각(sensitivity), 섭생(feeding), 치유(healing), 운동(movement), 재생산(reproduction), 죽음(death)등이다. 철학자 아리스토텔레스는 생명을 생령(엔텔리키)이라고 설명하는데, '자기 자신 안에 목적을 가지고 있는 바로 그것'이라고 했다.[1]

앞에서 설명한 생명의 7가지 특징은 평범하고 당연한 것 같으나, 생명은 그 한 요소만 없어도 '생명'이라 할 수 없다. 특히 죽음이 있기에 생명일 수 있다는 사실은 매우 역설적인 것으로, '생명'을 유지한다는 의미가 무엇인지 깊이 생각하게 한다. '살아 있는' 생명은 동시에 '죽어가는' 과정에 있다는 것이다. 이 문제는 우리가 생명에 대해 어떻게 이해하고 접근해야 하는지를 깨우쳐 준다.

---

1) 〈우리말 철학사전〉 2002. 지식산업사

3. 종합적인 안목이 필요하다

존엄사를 생명문화와 연관지어 설명함에 있어서, 생명에 대한 존엄성과 신비감이 상실된 원인에 관해 생각해 보자. 아마도 다윈의 진화론으로 대표되는 과학주의적 생명이해가 가장 큰 원인이 아닐까 생각된다. 하지만, 진화론에 대해서도 많은 논란이 있다고 한다. 그 중에는 다윈의 진화론이 창조론과 공존할 수 없는, 반드시 적대적인 것은 아니라는 생각도 있다.

예를 들어보자. 다윈의 저서 〈종의 기원〉, 〈인간의 유래〉등을 연구한 학자들에 따르면, 그가 개별적 창조론에 대해 반대한 것은 사실이지만, 종교에 대해 반대한 것은 아니라고 한다. 다윈은 종이 개별적 기원을 갖는다는 사실을 부정한 것이지, 신의 존재를 부정한 것은 아니라는 생각이다. 사실 다윈은 〈종의 기원〉에서 '절묘하게 적응된 모든 구조'라는 말을 즐겨 사용하면서, 이전의 사람들이 '신의 초자연적 행위'라고 설명했던 것을 대체하려고 하였다고 볼 수 있다.

그런가 하면, 사회생물학자 에드워드 오스본 윌슨(Edward Osborne Wilson)이 〈지식인의 대통합 통섭〉에서 인간의 특징에 대해 말했던 부분 역시 중요한 의의가 있다. 생물학적으로 분류할 때 인간을 고릴라 · 오랑우탄 · 침팬지 · 보노보 등과 함께 대형유인원(Great apes)에 넣을 수는 있지만, 다년간의 관찰 · 실험에 의하면 영장류들의 언어 능력은 인간과는 근본적인 차이가 있다는 것이다. 예를 들어, 훈련에 의해 150개정도의 구어체 단어를 골라낼 수 있는 '칸지'(Kanzi)라는 보노보는 동물기준으로 보면 꽤 높은 수준의 지능을 갖고 있다.

그런데 이런 대형유인원들이 기초언어를 사용할 수는 있어도 인간처럼 그것을 발명할 수는 없다고 한다. 또한 침팬지들의 경우 인간과 유사하게 교활하고 기만적인 행동을 할 수 있다. 그러나 오직 인간(Homo Sapiens)만이 언제나 소리를 내어 의사소통을 한다는 것이다. 인간생명에 대한 과학적 설명은 결국 하나의 부분적인 설명에 지나지 않는다.

말하자면, 인간에게는 '문화적 존재'라는 특징이 있다. 침팬지의 경우에도 발명 및 도구 사용 등이 가능하다는 주장도 있다. 그러나 자세히 살펴보면, 도구 사용에 있어서 정확한 동작을 흉내 내지 못하기도 하고, 그런 행동의 목표를 정확히 이해한 것으로 보이지 않는다고 한다. 반면 어린 아기는 속도와 정확도 면에서 '모방의 귀재'이다.

아기들은 태어난 지 40분 만에 혀를 불쑥 내밀며 어른의 움직임을 따라 머리를 움직인다. 12일이 지나면 복잡한 얼굴 표정과 손동작을 흉내 낸다. 두 살이 되면 말로 하는 설명을 알아들으며 간단한 도구를 사용하기도 한다. 이러한 사실들에 비추어 본다면, 인간을 다른 영장류와 비교하는 것은 매우 어설픈 비약이라 하겠다.

더구나 성경은 왜 인간을 '하나님의 형상'이라고 설명하는 것일까? 성경은 인간이 하나님에 의해 만들어진 존재이고 특별한 가치와 지위를 갖고 있다고 선언한다. 특별한 창조의 과정에는 특별한 지위와 책임이 함축되어 있다. '하나님이 가라사대 우리의 형상을 따라 우리의 모양대로 우리가 사람을 만들고, 그로 바다의 고기와 공중의 새와 육축과 온 땅과 땅에 기는 모든 것을 다스리게 하자 하시고'(창세기 1:26) 이러한 뜻에서, 기독교 공동체 앞에는 존엄사

에 대한 정밀한 분석에 앞서 기계론적이고 과학주의적인 사고방식이 만들어

놓은 생명의 존엄성과 신비의 감소라는 문화적인 도전을 극복해야 하는 과제

가 놓여 있다.

4. '죽음'에 관한 신앙적 관심으로

생명문화와 관련하여 생각해 보아야 할 것 중에, '죽음학'(thanatology)이라는 것이 있다. 가까운 일본에서 크게 유행하고 있다. 사실, 죽음이란 인간에게 직결된 중요한 문제이다. 인간의 생명을 잘 이해하기 위해서도 죽음에 대한 이해가 필요하다. 죽음에 대한 정의(definition)는 의사, 종교인, 생물학자들에 따라 다를 수 있다. 예를 들어 의학적으로 보면 과거에는 심장사가 기본적이었지만, 법적으로 뇌사(brain-death)를 인정하는 시대가 되었다. 이 문제는 육체와 영혼의 문제, 불멸과 부활 등의 종교적, 철학적 관심이 더해지면 훨씬 미묘하고 복잡해진다. 여기서 생각할 것은 '죽음'을 어떻게 이해하고 준비할 것인가 하는 점이다. 죽음의 인식에 관한 문제는 매우 어렵다. 타인의 죽음을 목도하고 인식하면서도, 나의 죽음에 대해서는 예견하거나 직시할 수 없는 것이 인간의 한계이다.

성경은 죽음이 누구도 피할 수 없는 것이라고 한다. 전도서 3:20에, '다 흙으로 말미암았으므로 다 흙으로 돌아가리니 다 한곳으로 가거니와'라고 했다. 그렇다면 인간은 죽음을 극복할 수 없는 것인가? 죽음을 이기는 길은 예수 그리스도를 통한 십자가와 부활의 과정을 통해 제시된다. '나팔소리가 나매 죽은 자들이 썩지 아니할 것으로 다시 살아나고 우리도 변화되리라 이 썩을 것이 반드시 썩지 아니할 것을 입겠고 이 죽을 것이 죽지 아니함을 입으리로다.'(요한복음 15: 52-53)

살아 있는 인간은 '죽음을 향한 존재'(Being-towards-death)이다. 그러나 인간은 죽음을 비극이나 운명으로 받아들이지 않고, 생명을 더 가치 있게 하는 또 다른 '가능성'과 특징으로 받아들여야 한다. 온전한 '죽음관'이 필요하다는 뜻이다. 이와 관련하여 한 가지 제안할 것이 있다. 신앙인들에게 죽음에 대한 유언의 연습이 필요하다. 교회가 아닌 자기계발 프로그램에서도 '유언장'을 작성하며 감동을 받는 모습을 어렵지 않게 볼 수 있다. 하물며 신앙인은 영생을 위한 과정으로 한 번의 죽음을 반드시 겪어야 하기에 좀 더 체계적이고 구체적인 준비가 필요한 것이 아닐까? 그리 재산이 많지 않다고 해도 소유했던 물질에 대한 형식적 요건을 갖춘 유언장(성명, 주소, 날인포함)을 준비하는 것은 지혜로운 일이다. 자녀들이나 친족들 간에 불필요한 분쟁을 방지하는 길이기도 하다. 생명에 관해서도 마찬가지일 것 같다.

　　일상생활은 철저하고 매사에 치밀하게 살아가는 분들도, 사후에 보니 유언을 남기지 않아서 여러 가지 불편함과 부정적인 문제들이 생기는 모습을 어렵지 않게 볼 수 있는 것이 현실이다. 아마 좀 더 생명이 주어지리라 예상했든지, 아예 '죽음'에 대해서만은 생각하기 싫은 게 많은 사람들의 태도가 아닌가 한다.

　　특히 현대의학은 과거에는 행할 수 없었던 많은 치료기술 혹은 생명연장기술을 제공하고 있다. '연명치료'와 관련된 문제가 제기되는 것도 발달한 현대 과학기술과 깊은 관련이 있다. 환자의 죽음이 확실한 상황에서 행해지는 의미 없는 의료행위를 영웅적 처치(Heroic measures)라 부르기도 한다. 의료진이나 가족 입장에서도 이런 치료를 꼭 시행해야 하는가 하는 딜레마에 빠질 수 있다. 특히 의사표시가 부자연스럽거나 불가능한 상황 속에서 집중치료실(ICU)

의 생명 연장 장치들이 모두 가동되는 것만이 능사일까?

이러한 뜻에서, 신속하고 명료한 답을 얻는데 필요한 자료, '사전진술서(Living Will 혹은 Advanced Directives)'에 관심을 가질 필요가 있다. 예를 들어, 독일 가톨릭교회에서는 '사전의료지시'를 사용하고 있다. 아울러 스페인 가톨릭교회가 제안한 '자연사 선택 유언장'도 참고할 필요가 있다. 앞으로 존엄사에 관한 사회적 논의에서 이 부분을 반드시 짚어 보아야 할 과정이 올 것이라 생각되기에, 교회도 이에 충분히 대비하는 것이 좋겠다.

5. 교회가 실천하자

얼마 전 〈인턴일기/초보의사의 서울대병원 생존기〉라는 책을 재미있게 보았다. 저자는 서울대병원에서 인턴과 레지던트를 경험한 현직 의사이다. '세상에서 가장 무서운 기도'라는 제목의 글이 있다. 내용은 중환자실에 찾아온 교회의 심방대원과 관련된 경험을 담고 있다.

> 날이 밝자 환자가 다니는 교회 신자들이 찾아왔다. 보호자들과 교회 신자들은 환자가 있던 빈 병실 안으로 들어가더니 기도하기 시작했다. 병원에선 가급적 정숙해야 한다는 상식으로부터 상당히 거리가 있는 기도였다. 곧 주변 병실의 환자와 보호자들이 간호사에게 항의했다. 이에 간호사가 기도를 자제해달라고 요청했다. 그러자 병원 측에서 환자를 다 죽여 놓고 기도까지 방해하느냐고 소리쳤다. 자칫 더 시끄러운 상황이 우려되어 일단 기도가 끝나기를 기다려보기로 했다.(중략)
>
> 약속한 10분이 훨씬 지났음에도 끝날 기미가 보이지 않았다. 오히려 기도 소리가 점점 더 커지더니 급기야 환자의 가슴을 때리고 목을 누르는 것 아닌가! 우리는 놀라서 즉시 격리실 문을 열고 주의를 주려고 했다. 그러자 문을 열지 못하도록 등으로 문을 밀고 버티면서 기도를 계속하는 것이었다.

정말 많은 것을 생각하게 하는 글이다. 과연 생명이란 무엇인가? 그것은 과연 인간의 소유물인가? 인간이 마음대로 조작하고 결정할 수 있는 에너지의 일종이거나 유전자 구조물일 뿐인가? 최근 유전자와 관련된 많은 정보들이 밝혀지면서 유전자 정보해독(genome project)이 관심을 끌었다. 과연 생명은 '유전자 결정론'에 따르는 것인가? 희로애락, 다양한 행동양식, 신체적 특징 등이 이미 유전자 DNA에 내장되어 있다는 주장, 과연 옳은가?

이런 이야기가 있다. 초파리의 유전자가 13,000~14,000개라는 점에 비추어, 최고 영장인 인간은 약 10만개의 유전자를 갖고 있으리라 예상했지만, 약 3-4만개에 지나지 않았다고 한다. 이와 관련해서 리처드 르윈튼은 '인간이라는 종이 나타내는 놀라운 다양성 유전부호에 의해 영구적으로 결정된 것이 아니라 우리 주변의 환경이 결정적인 역할을 한다'고 말한 바 있다. 만약 '결정론'(determinism)이 우리의 출생과 성장, 죽음까지 지배한다면 삶의 의미와 역동성은 상실되고 말 것이다.

과연 그런가? 적어도 기독교 신앙에서는 옳지 않다. 기독교는 고통의 극복과 종식, 생명의 연장을 위해 기도한다. 그러나 최종적인 결정은 하나님의 신비한 주관 아래 놓여 져 있는 것이다. 최선을 다하되 그 결과는 하나님께 맡겨야 하며, 생명과 관련된 문제는 특히 인간의 한계를 절실히 느낄 수밖에 없는 부분이 아닌가? 지나치게 가시적이고 물질적인 생명관, 건강관에 우리가 물들어 있는 것은 아닌지 돌아보아야 할 필요가 있다. 기독교적 위로와 상담 역시 이런 근본적인 전제를 갖고 이루어져야 할 것이다.

한 가지 긍정적인 제안을 하고 싶다. 말기 암환자 등 여생이 6개월 정도 남아있는 환자들에 대한 호스피스(Hospice)는 환자의 고통경감, 통증조절, 환자의 가족들에 대한 도움 등을 목적으로 행해지는데, 미국에서만 2,200여 가지의 홈 호스피스 프로그램이 있다고 한다. 우리사회에서도 지속적으로 확대되고 있기는 하지만, 호스피스 부분을 활성하고 지원할 수 있는 방안이 필요하다. 민간 봉사 차원에서만이 아니라 좀 더 공식적인 프로그램을 적극적으로 시행하고 통증완화 등 의료적인 방법과 병행하면 더 큰 효과를 볼 수 있을 것이다.

　　말기환자와 가족을 돕기 위한 호스피스 봉사를 위해서는 기본적인 교육을 받아야 한다. 현장의 목회자들은 호스피스와 관련된 여러 봉사기관에서 시행하는 교육을 받는다면 많은 유익을 얻을 수 있을 것이며, 교회 내에 이와 관련된 사역자를 확보할 필요가 있다. 병원에 따라서는 '호스피스 병동'을 운영하고 있는 경우도 있음을 참고할 수 있다. 이제 교회가 실천해야 할 차례다. 교회의 실천이 생명문화의 대반전을 이루고 하나님의 생명주권을 위한 큰 걸음을 내딛는 계기가 되리라 확신한다. 특히 죽음의 문제까지도 생명과 연관지을 수 있는 신앙적 자세가 필요하다. 죽음을 넘어서 영원한 생명과 부활의 소망을 바라보는 성경적 기독교 신앙인이라면 말이다.

철학적 전망

존엄한 삶의 비전을 세워가자

연구위원/ 숭실대 교수 박원빈

1. 들어가며

최근의 존엄사 논쟁은 환자의 죽을 권리에 초점을 두고 있는 것 같다. 그 중심은 인간이 신으로부터 부여받은 생명을 향유하며 살 권리(the right to live)뿐만 아니라 인간답게 죽을 권리(the right to die)까지도 지니고 있다는 주장이다. 삶을 존엄하게 지키기 위해 살 권리뿐만 아니라 죽을 권리까지도 보장해야 한다는 주장인 셈이다.

사실, 죽을 권리에 대한 논의는 최근의 문제만은 아니다. 계몽주의 시대 이후 인간의 주체성이 강조된 이래로 죽을 권리에 대한 논의는 계속되었다. 존엄사 논쟁의 철학적 핵심은 인간이 신의 피조물인가 아니면 자연적 진화의 산물인가라는 인간 정체성의 문제에 있다. 기독교인들이 침묵할 수 없는 이유가 여기에 있다. 존엄사에 관한 대립적 주장들은 인간이란 무엇인가? 하는 철학적 혹은 신학적 입장 차이에서 기인한다.

존엄사 문제가 '인간이 무엇인가?'라는 신학적 혹은 철학적 견해의 차이에서 연유된 것이라 한다면, 필자는 양자의 철학적, 신학적 차이를 숙지(熟知)하는 기독교철학을 통해 이것이냐 저것이냐 식의 양자택일적 방법이 아닌 상보적 입장에서 제 3의 길을 모색하고 싶다. 존엄사 문제를 생명을 살릴 것인가 혹은 죽일 것인가 하는 의료현장의 선택에 관한 문제가 아닌 신, 인간, 세계라는 큰 틀에서 어떻게 인간답게 살며 그 삶을 마무리할 것인가에 관한 근본적인 문제로 새롭게 조명되어야 한다는 뜻이다. 이를 위해, 유대교 철학자 에마뉘엘 레비나스(Emmanuel Levinas)의 이론을 응용하고자 한다.

2. 생명은 소유물인가?

근대 계몽주의 이후 새롭게 이해된 인간 주체성은 인간이 더 이상 신의 창조물이 아닌 자신의 운명을 결정하는 자율적 존재라는 것이다. 이런 이유로, 철학적 시각[1]에서 보면 존엄사에서 생명유지 여부에 대한 전적인 권위는 주체에 달려있다고 할 수 있겠다.

이른바 '죽을 권리'는 중세 교회의 권위가 무너지기 시작한 후 본격적으로 논의된 주제이다. 데이빗 흄(David Hume)은 〈자살에 관하여〉(Of Suicide)에서 인간이 신 혹은 타인을 위해 살아야할 의무는 어디에도 없다고 했다. 그리고 '만약 [나와 아무런 상관없는] 일반인(the public)이 나로부터 얻게 될지도 모르는 말도 안 되는 이익 때문에 끔찍한 나의 삶을 연장해야 하는 어떠한 이유도 없다'고 단언한다.[2] 나아가 인간이라면 마땅히 살아야할 책임(responsibility to live)이 있다는 주장을 부인하면서 인간에게 죽음에 대한 책임적 권리(responsibility to die)가 있다고 했다. 이러한 주장은 쇼펜하우어(Arther Schopenhauer)에게 열렬히 환영받았다. 쇼펜하우어는 '각 개인이 자신의 인격과 삶에 대해 부인할 수 없는 마땅한 [죽음까지 포함된] 권리를 누린다는 사실을 능가하는 어떠한 것도 이 세상엔 없다'고 주장한다.[3]

---

1) 여기서 말하는 철학적 시각이란 계몽주의 이후, 다시 말해 근대 철학의 시조라고 하는 르네 데카르트 이후 서구 철학의 일반적 경향을 말하는 것으로 한정한다.

2) David Hume, "Of Suicide" in *Essay Moral, Political, and Literary by David Hume*, edit by T. H. Grose (London: Longmans, Green and Co., 1907), 413.

3) Arthur Schopenhauer, "On Suicide" in *Parerga and Paralipomena*, vol. 2, trans. by E. F. J. Payne (Oxford: Oxford University Press, 1974), 306.

흄의 '죽을 수 있는 권리'는 공리주의적 사고에서 비롯되었다. 흄에 따르면, 만약 어떤 사람의 생존이 사회 전체 구성원에 큰 손실을 끼치게 될 때 '그런 경우에 한에서 그 사람의 생명에 대한 포기는 순결(innocent)할 뿐 아니라 찬양받을 만하다.'[4] 다시 말해, 사회전체가 한 사람의 존립을 위해 많은 비용을 감당해야 할 경우 그 사람은 자신의 삶을 포기할 의무가 있다고 말한 것이다. 흄은 포로로 잡힌 군인을 예로 든다. 아군의 병사가 전쟁 중에 포로가 되어 적군에게 국가기밀사항을 자백할 것을 강요받는다면 그 병사는 스스로 목숨을 끊을 권리를 통해 더 이상 고문에 시달리지도 않고 자국의 기밀을 유출할 위험도 제거할 수 있다는 것이다.

과연 생명은 주체의 소유물인가? 그렇다면 왜 자율적 주체는 자신의 결정이 아닌 또 다른 다수의 이익을 위해 자신의 생을 마감해야 한단 말인가? 그리고 다수의 안녕과 행복을 위해 나의 삶을 포기하는 것은 윤리적으로 과연 정당한 행위인가?

---

4) Hume, 앞의 책, 413.

3. 인간은 관계적 존재이다

　사실, 존엄사 문제를 일상생활 속에서 진지하게 고려하는 사람은 거의 없을 것이다. 대부분의 사람들이 대중매체를 통해 접하거나 이에 관련한 특정한 법률적 사례 등이 보도될 때마다 한두 번 접하게 되는 것이 고작이다. 이러한 정보의 한계 속에서 막상 직접 어려움을 당하게 된다면 올바르고 합리적인 판단을 내린다는 것은 매우 어려운 일일 것이다. 그렇기에 존엄사에 대한 충분한 사회적인 합의와 토론이 선행되고 이에 대한 다양한 의견들이 환자와 가족들에게 충분히 제공되어야 할 필요가 있다. 또한 사회복지 측면에서 선진국에 비해 많이 뒤쳐진 우리나라의 현실에서 볼 때, 존엄사에 대한 국가적 지원과 도움 없이 환자가족의 결정을 비난하는 것도 옳지 않다.

　또한 존엄사에 대한 충분한 토론과 이해가 부족할 때 가장 손쉬운 결정은 공리주의적 사고라는 점에 대해서도 생각해 보아야 한다. 공리주의적인 접근의 가장 큰 문제는 과연 인간의 목숨을 다수의 행복을 위해 포기할 수 있는가 하는 질문이다. 공리주의자들의 주장에 일면 타당한 면이 없지 않지만, 누가 어떤 방법으로 한 개인의 삶이 사회의 공익과 안녕에 해악이 된다고 결정할 수 있는지에 대한 심각한 성찰이 선행되어야 한다.

　필자는 관계중심적인 윤리학을 병행해야 한다고 본다. 이것이야말로 생명을 계량화하여 비교하려는 공리주의적 환원주의의 위험에서 벗어날 기초가 되리라 기대된다. '관계중심적'이라는 말은 한 개인의 삶이 이루고 있는 다양한 인간관계가 존엄사에 아주 중요한 계기임을 지적한 말이다. 근대 이후

철학의 큰 흐름은 개인의 주체성을 최대한 부각하면서 주체의 무한한 자유를 인정하는 방향으로 흘러갔다. 하지만 최근 들어 인간존재의 새로운 성찰은 이전의 서구 근대철학의 주체성이 간과했던 '관계성'을 새롭게 부각시키고 있다.

인간은 홀로 살아가는 존재가 아니라 많은 사람들과의 관계의 그물망 속에서 살아가는 존재이다. 서구의 윤리학은 주체중심의 개인주의에 기반을 두고 있기에 공동체적인 윤리가 취약하지만, 한국인의 시각에서 보면 인간이라는 존재 자체가 관계를 통해 형성된 관계 중심의 존재이다. 인간(人間)이란 말을 풀이해 보면 사람 인(人)과 사이 간(間)으로 이루어져 있다. 즉 인간이란 말 자체에 인간은 근원적으로 함께 더불어 살 수 밖에 없음을 보여주고 있다. 이렇게 보면, 존엄사의 문제는 환자 당사자만의 문제가 아니라 사람과 사람 사이의 문제이다.

그렇기에 단순이 이것이 좋다 저것은 나쁘다는 이분법적인 태도로 성급히 판단하기 보다는 인간 존재를 이루는 다양한 관계(문화, 종교까지도 포함하여)를 포괄적으로 고려하면서 판단해야 할 필요가 있다. 다시 말해 인간이란 '죽을 권리'를 지닌 주체적 개인이자 삶을 통해 수많은 관계를 통해 자신의 존재를 구축하는 관계적 인간이라는 사실을 자각할 필요가 있다. 이러한 관계적 존재로서의 인간에 대한 새로운 성찰은 공리주의적 판단이 대세를 이루고 있는 현재 존엄사를 둘러싼 여러 문제들에 관하여 새로운 생명중심적 사고로 전환할 수 있는 근거를 마련해 주리라 기대된다.

4. 타인에 대해 책임을 지닌 존재

에마뉘엘 레비나스는 최근 들어 많은 관심을 받고 있는 리투아니아 태생의 프랑스 철학자이다. 레비나스의 철학을 타자윤리(ethic of the other)라고 말하는데 여기서 타자는 우리가 삶에서 만나는 사회적인 약자(레비나스는 구체적으로 이웃, 나그네, 고아, 과부라고 말하고 있다)라고 해도 좋을 것이다. 레비나스에 따르면 타자는 주체인 나를 구성하는 결정적인 계기로써 어떤 면에선 주체보다 더 우선시되는 존재라고 말한다.

다시 말해, 온전한 주체성의 확립은 타자를 통해서라고 말하는 것이다. '나'라는 주체는 내가 타자에 무한한 책임이 있는 존재임을 깨닫게 됨으로 온전해 진다. 타자에 책임을 지는 존재로 다시 태어나는 것은 이제껏 내가 나의 소유라고 여겼던 것들을 다시 한 번 심각하게 반성하게 한다. 나아가 내가 이렇게 나의 것을 마음껏 향유할 수 있는 것은 바로 나에게 부여된 특권이었음을 반성하게 한다. 이러한 철학적이며 윤리적인 반성은 타자의 얼굴을 마주봄을 통해 일어난다. 타자의 얼굴은 나에게 '살인하지 말 것'을 요구함과 동시에 내가 그 얼굴에 대해 무한한 책임을 진 사람임을 깨우쳐 준다.

이처럼 주체의 온전한 정체성은 타자에 대한 '책임으로부터 벗어나는 것이 불가능함'을 깨닫는데서 시작된다.[5] '나'는 이러한 타자에 대해 그들의 상처를 내가 대신 짊어질 정도로 책임이 있으며 타자의 고통 또한 모두 내 어

---

5) Emmanuel Levinas, *Otherwise than Being*, trans. by Alphonso Lingis
(The Hague: Martinus Nifjohff, 1978), 14.

깨에 짊어질 정도로 책임이 있는 사람이다.[6] 이는 마치 성서에서 선지자가 일
군을 부르시는 하나님의 음성에 대해 '내가 여기 있나이다'라고 말하는 것과
같이 이웃의 고통과 아픔을 보고 '내가 여기 있습니다. 내가 그 사람에 대한
책임을 지겠습니다'라고 나서는 것이다. 이처럼 레비나스는 자신의 타자윤리
를 통해 주체는 타자에 대한 무한한 책임이 있는 존재임을 각인시킨다.

레비나스는 윤리학이야말로 제일철학(first philosophy)이라고 한다. 이는
인간 존재 그 자체가 윤리적으로 존재해야 함을 말한 것이다. 하이데거의 철
학에서 인간 존재는 그저 던져진 존재로 죽음을 향해 가는 존재였다. 여기에
는 어떤 윤리적 계기도 찾아낼 수 없다. 하지만 레비나스가 인간 존재 자체가
윤리적으로 존재해야함을 역설한 것은 인간의 죽음 또한 윤리적이어야 함을
천명한 것이라고 할 수 있다.

그렇다면 타자윤리에 입각해서 타자를 위해 죽는 것이야 말로 '윤리적
으로 죽는 것'이라고 말할 수 있을까? 만약 이러한 주장이 자살의 경우에도
해당된다면 자살을 윤리적이라고 받아들일 수 있는 경우란 그 자살이 타인의
유익을 위해 행해지는 경우일 것이다. 심청이가 바다에 빠져드는 행위는 분명
자살에 해당하는 반윤리적 행위지만 그 동기가 아버지(타인)을 살리려 했다는
점에서 평가가 달라진다. 그렇다면, 동기와 상황에 따라서 어떤 행위는 윤리
적이 되고 어떤 행위는 비윤리적이 된다는 말인가? 윤리적인지 혹은 아닌지
를 결정하는 것도 개인의 상황과 동기에 따라 결정된다면 도대체 어떤 기준으
로 상황과 동기의 적합성을 판정할 것인가? 자신의 죽음이 타인을 위해서인

---

6) 앞의 책, 54, 55.

것임을 확신할 수 있는 근거는 도대체 무엇이란 말인가?

레비나스에 따르면, 자살이 어떤 상황과 의도에 따라 평가된다는 생각은 형이상학적으로나 논리적으로나 윤리적으로나 어불성설(語不成說)이다. 레비나스는 하이데거의 죽음에 대한 분석이 존재의 형이상학에 기반해 있기에 그 시작부터 잘못되었다고 비판했다. 레비나스의 죽음에 대한 생각을 엿볼 수 있는 〈시간과 타자〉(Le Temps et L'autre)를 눈여겨 볼 필요가 있다.[7]

레비나스에 따르면, 죽음은 결코 우리에게 알려질 수 없는 신비의 영역이다. 우리는 결코 죽음을 현재적인 어떤 것으로 파악할 수 없다. 죽음은 결코 현재가 될 수 없기 때문이다. 우리가 포착할 수 있는 것은 단지 현재 뿐이고 죽음은 '결코 지금이 될 수 없다.'[8] 우리가 죽음을 결코 경험할 수 없는 이유는 '경험은 항상 지식, 빛, 그리고 시작'을 의미하나 반대로 죽음은 '절대적으로 알려질 수 없는 것'이기 때문이다. 따라서 하나의 사건으로 죽음을 파악하려는 시도는 마치 우리가 죽음 저편의 언덕에 서서 우리가 그 죽음을 파악했는지 못 했는지를 보려고 되돌아보려는 것과 같다. 하지만 이러한 시도는 심지어 소설에서도 불가능하다. 레비나스는 죽음에 대한 자신의 철학적 성찰을 따라 '자살이란 하나의 모순된 개념이다'라고 결론짓는다.[9] 죽음 자체가 우리에게 파악될 수 없는 것인데 그러한 미지의 세계를 스스로 목숨을 끊는 행위를 통해 가지려고 한다는 것 자체가 모순이라는 것이다.

---

7) Emmanuel Levinas, *Time and the Other*, trans. by Richard A. Cohen (Pittsburgh: Duquesne University Press, 1987)을 주로 참고하였고 부분적으로 강영안의 우리말 번역 〈시간과 타자〉(서울: 문예출판사, 2001)를 참조하여 글쓴이가 번역하였다.

8) 앞의 책, 41.

9) 앞의 책, 42.

레비나스가 자살을 모순개념이라고 하는 이유에 대해 깊이 음미해 볼
필요가 있다. 타자에 무한한 책임을 짊어짐으로 온전한 주체성을 획득하게 되
는 자아가 스스로 목숨을 끊는다는 것은 자아를 버리는 것일 뿐 아니라 타자
에 대한 책임을 방기하는 것이기 때문이다. 레비나스는 〈전체와 무한〉에서 최
후의 순간(ultima latet)으로서의 죽음은 결코 '존재 혹은 무의 또 다른 대안으로
생각될 수 없다'고 단언한다.[10] 주체가 스스로 죽기로 선택하는 순간 타자에
대한 무한한 책임은 무한한 무책임(supreme irresponsibility)으로 변질된다.[11] '죽는
다는 것은 무책임으로 돌아가는 것이다. 이것은 우는 아이와 같은 상태를 말
한다.'[12]

---

10) Levinas, Totality and Inifnity, 232.

11) Levinas, Time and Other, 41.

12) 앞의 책

5. 존엄한 삶의 비전을 세워야

만약 쇼펜하우어가 말한 것처럼 우리에게 죽을 권리가 있다면, 죽음을 선택하는 당사자는 분명 스스로의 생명을 끊는다는 것이 어떠한 것임을 알아야 한다. 하지만 윤리를 제일철학으로 삼는 레비나스의 타자윤리에서 주체는 항상 자신의 존재를 타자의 얼굴을 통해 생각하는 사람이다. 또한 인간이란 존재 자체가 홀로 떨어진 존재가 아니기에 생명을 끊는다는 것은 자신에 대한 책임을 방기(放棄)하는 것이요 이는 바로 타자에 대한 무한한 책임을 지지 않는 비양심적이요 비윤리적인 행위라고 할 수 있다.

레비나스에게 만약 죽음과 관련한 권리와 책임이 주장될 수 있다면 그것은 바로 타자의 죽음과 이러한 타자에 대한 나의 책임만을 의미한다. '내가 여기있습니다.' (me voici)라고 외치는 윤리적 결단이란 '타자를 죽음 가운데 그저 내버려 두지 않겠다는 나의 의무'라고 할 수 있다.[13] 만약 죽음에 대한 두려움이 있다면 그 두려움이란 바로 '타자를 위한, 나의 이웃의 죽음에 대한' 두려움이다.[14] 이러한 두려움은 나의 존재가 상대방의 자리를 빼앗을 수도 있다는 두려움에서 나오는 것이다.[15]

타자의 죽음에 대한 공포는 나의 죽음에 대한 공포로 직접적으로 연계될 수는 없다. 의무로써 혹은 책임으로써 타자를 위한 죽음을 택한다고 죽음

---

13) Richard A. Cohen, *Face to Face with Levinas,* (Albany: State University of New York Press, 1986), 39.

14) 앞의 책.

15) Richard Kearney and Mara Rainwater eds., *The Continental Philosopher Reader* (London: Routledge, 1996), 133.

에 대한 공포마저 제거할 수는 없기 때문이다. 보다 현실적인 고민은 고통 받는 개인이 죽을 권리를 행사하는 것이 옳은 일인지 아니면 그 사람을 향한 우리의 무한한 책임이 우선인지에 대한 판단이 어렵다는 점이다. 이러한 판단은 한 개인이 '사느냐 죽느냐'하는 질문에 앞서 관계적으로 얽혀있는 우리 인간이 어떻게 '윤리적'으로 사는 동시에 그 삶을 마무리 할 수 있는지에 대한 문제제기이기에 더욱 어려운 문제라고 할 수 있다.

레비나스의 타자윤리적인 시각에서 만약 상상할 수 없는 고통에 처해있는 타자가 나에게 자신의 죽음을 도와달라고 요청한다면 나는 어떻게 응답해야 할까? 이에 대한 레비나스의 직접적인 해답은 없다. 하지만 이제까지 레비나스의 타자윤리의 핵심적인 내용을 고려해 본다면, 나에게 윤리적으로 요청되는 것들이 다른 모든 사람들에게도 윤리적이어야 한다는 기초에서 판단해야 마땅하다. 내가 죽음을 택하는 것이 비윤리적이라고 말한다면, 나의 이웃의 경우에도 동일하게 적용되어야 한다. 만약 나의 이웃이 나에게 도움을 요청한다면, 나는 단순히 그 요청에 응할 수 있을 것이다. 하지만 나의 이웃이 나에게 그의 삶을 끝내줄 것을 요청하는 경우에도 우리는 과연 간단히 그 요청에 응할 수 있을까?

생명을 끝내달라는 이웃의 요청은 내가 무조건 복종할 수 없는 요청이다. 레비나스가 '자살은 모순된 개념'이라고 했던 것은 타인의 생명을 끝내는 것을 돕는 행위에 대해서도 의미가 있다. 나는 여전히 그의 고통과 아픔에 책임이 있는 존재이며 어떠한 대가를 치루더라도 그의 고통을 끝낼 수 있도록 도와주어야만 한다. 이런 면에서 보면 타자윤리의 입장에서는 존엄사에 처해

있는 환자에게 이렇게 말할 수 있을 것이다. '내가 여기 있습니다. 나의 책임
은 당신이 죽음을 혼자 맞이하지 않도록 끝까지 옆에서 돌보는 것입니다.' 아
무리 고통스럽더라도 숨이 있는 한 희망을 버릴 수 없기 때문이다. 이러한 뜻
에서, 존엄사가 사회적 논란의 대상이 되는 시대, 우리에게 정작 필요한 것은
존엄한 죽음의 조건에 관한 성찰보다 존엄한 삶을 위한 비전이라 하겠다.

6. 나오며

인간적인 측면(혹은 철학적인 측면)에서 레비나스의 윤리는 개별적 인간존재에 기반을 두기보다는 존재의 본질을 넘어선 인간관계에 기반을 두고 있다. 또한 기독교적인 측면(혹은 종교적인 측면)에서 타자에 깃들어 있는 생명이 신의 형상(image of God)[16]을 소중히 여긴다는 점에서 기독교적인 관점과도 잘 조응한다.

레비나스의 타자윤리를 통해 우리는 존엄사가 논의되는 우리시대에 생명존엄을 위한 윤리적 책임이 무엇인지 생각해 볼 수 있겠다. 이전까지 일반적인 윤리학적 문제에 있어 그 방향은 신에게서 출발하여 개별 윤리학적 문제로 나아가는 것이었다. 다시 말해 종교적 권위가 윤리적 판단의 최종적 권위를 갖고 모든 문제를 판단해 왔다는 것이다. 소위 '위로부터 인과율'(top-down casuality)을 통한 접근으로 종교적 권위를 인정하지 않는 진영과 늘 충돌을 야기해 왔다. 하지만 레비나스는 이러한 전통적인 방향을 역전시켜 아래로부터 위로의 방법론(bottom-up method)을 택한다.[17] 다시 말해 윤리를 통해 신에게로 나아가는 방향을 취한다. 이러한 점이 레비나스의 타자윤리가 여타의 이론과 확실히 대비되는 점이라고 할 수 있다.

---

16) 레비나스의 타자는 기독교적인 인간론과는 다소 거리가 있다. 하지만 타자의 얼굴이 무한의 자취라고 말함으로써 타자에 깃든 초월적 측면을 인정하고 있다는 점에서 기독교의 인간론과 소통가능의 가능성은 열려있다고 할 것이다.

17) 위로부터의 인과율(top-down casuality)와 아래로부터의 방법론(top-down method)란 용어는 John Polkinghorne에게서 빌려온 개념이다. John Polkhinghorne, *Theologie und Naturwissenschaften* (Gütersloh: Gütersloher Verlagshaus, 2001)을 참조.

레비나스의 타자윤리는 신의 자취를 이 땅에서 경험하는 유일한 길이 타자에 대한 책임을 통한 것이라고 가르치고 있다. 신은 칸트의 경우처럼 우리에게 이성적인 담론으로만 알려지지도 않으며 신비적인 방법으로만 알려지지도 않는다. 오히려 신은 바로 윤리적 책임을 통해 우리에게 알려진다. 무한의 영광은 타자에 대한 책임을 통해 이루어진다. 신의 거룩함은 바로 책임을 통해서 깨닫게 된다. 레비나스가 〈우리 마음에 오시는 하나님〉(Of God to Comes to Mind)라는 글에서, 타자를 위해 책임적이 됨을 통해 우리에게 비로소 '하나님'이란 단어를 이해하는 가능성이 열리게 된다고 말했던 점에 유의할 필요가 있다.[18]

레비나스에게서 윤리적으로 산다는 것은 이웃을 향해 책임을 지고 살아간다는 말이다. 이것은 '하나님'이라는 말을 이해할 수 있는 신성을 향해 나아가게 한다. 반대로 죽음을 택한다는 것은 가장 '거대한 무책임성'(supreme irresponsibility)으로 돌아간다는 의미이다. 죽음을 택한다는 것은 더 이상 타자를 향해 '내가 여기 있습니다.'라고 말하기를 포기하며 타인에 대한 책임을 방기한다는 의미이다.

레비나스의 타자윤리는 생명의 중요성과 환자를 향한 가족의 책임 뿐만 아니라 사회 구성원 모두의 공동의 책임을 강조하는 기반을 제공한다. 아울러 생명에 대한 공리주의적 접근을 반대하는 이론적 근거가 될 수 있다. 인간은 진공상태에서 이루어진 개별적 존재가 아닌 다양한 관계의 그물망 속에

---

18) Emmanuel Levinas, Of God Who Comes to Mind, trans. by Bettina Bergo (Stanford: Stanford University Press, 1998), xi.

서 이루어진 존재이다. 개인의 생명은 우리 모두의 책임이며 그 생명의 근원에는 신성(神性)이 자리 잡고 있다. 이러한 뜻에서, 존엄사가 사회적 이슈로 떠오른 시대에 기독교신앙을 가진 우리들이 지향해야 할 것은 죽음의 문제가 아닌 삶의 존엄을 위한 노력이어야 할 것이다.

부록

존엄사
Frequently Asked Questions

□ 존엄사 문제를 파악하기 위한 질문들

□ 존엄사 논의에 참고할 개념 몇 가지

□ 신앙인은 무엇을 해야 하는가?

존엄사 문제를 파악하기 위한 질문들

1. 존엄사는 안락사인가?

두 가지 의견이 있다. 존엄사를 소극적 안락사라고 보는 견해와 별도의 개념으로 설명하는 경우로 나뉜다. 존엄사를 안락사로 보는 것은 주로 존엄사 반대론에 속하는 입장이라고 알려져 있다. 하지만 꼭 그런 것은 아니다. 오히려 존엄사와 안락사를 연계시킨 것은 존엄사 찬성입장을 밝힌 의사협회였다. 의협은 2001년 '의사윤리지침'을 제정하면서 소극적 안락사의 허용을 요구했다. 일반적으로, 안락사 개념은 한 가지가 아니다. 본인의 의지에 따라 자의적, 비자의적 안락사가 구분되고 시술방식에 따라 적극적, 소극적 안락사가 구분된다.

의협이 요구해온 것은 소극적 안락사의 허용이며, 이것 때문에 존엄사와 소극적 안락사가 개념상 논란거리가 되고 있다. 2002년 대한의학회가 제안한 '의사윤리지침'은 의협의 지침을 좀 더 세부적으로 적용하기 위한 것으로서, 존엄사 문제를 구체적으로 언급하기 시작했으나 사회적 반향 등으로 충분한 토론으로 이어지지 못했다. 아마도 의협이 바라는 것은 판례를 통해 합법화되거나 입법을 통한 정당화인 듯싶다. 최근에는 존엄사와 소극적 안락사를 구분하는 경향이 나타나고 있다. 하지만 그 주체는 의외로 의협이 아니라 가톨릭이다. 존엄사는 안락사가 아니라 무의미한 연명치료의 중단이라는 것으로서, 양심에 따라 허용될 수 있다는 입장이다.

2. 살 권리(right to live), 죽을 권리(right to die)

　　의료기술의 발전과 시민의 권리가 강조되는 사회분위기는 생명에 대한 관점과 권리를 재론해야 한다는 주장으로 이어지고 있다. 특히 생명을 의무로 볼 것인가 혹은 권리로 볼 것인가 하는 관점 중에서 권리로 보는 입장이 두드러지고 있다. 인간에게 살 권리가 있다는 것이 분명하다면, 죽을 권리도 인정되어야 한다는 주장이 그것이다. 여기에서 죽을 권리라고 하는 것은 죽음의 시점과 방식을 스스로 결정할 수 있다는 의미이다. 생명의 양(quantity of life)보다 생명의 질(quality of life)이 중요하다는 개념도 이와 무관하지 않다. 과거에는 오래 사는 것이 권리에 속한다고 보았지만, 연명치료의 경우에 고통만 가중시키는 결과를 낳을 것이라는 생각이 파고 든 셈이다. 죽음에 대한 결정을 내릴 권리가 인정되어야 한다는 생각은 이러한 배경에서 보아야 한다. 그러나 죽을 권리의 문제는 존엄사에만 해당하지 않는다. 적극적 안락사와 의사조력자살까지도 개인의 선택에 속한다는 주장도 제기될 것이 분명하다. 반대론자들은 죽을 권리가 광범위하게 용인되면 안락사의 합법화는 물론이고 결국에는 장애우를 비롯한 중환자 등에 대한 비극적인 안락사들이 자행되거나 남용될 소지가 있음을 우려하고 있다.

3. 의사의 판단인가? 환자와 가족인가?

의료문제와 관련하여 의사는 의학적 판단을 내릴 권리가 있으며 또 그러한 의학적 견해를 환자에게 설명할 책임이 있다. 의사의 역할은 거기에서 끝난다는 것이 학계의 일반적인 생각이다. 의사의 의학적인 설명을 바탕으로 치료를 계속할 것인가 중단할 것인가를 결정하는 것은 환자 혹은 가족의 몫이라는 것이다.[1] 이러한 결정 혹은 판단의 문제와 관련하여 최근에는 의료계와 법률계를 중심으로 기본적인 절차들을 6하원칙에 의거하여 정해두자는 주장이 제기되고 있다. 언제, 누가, 어디서(어떤 정보에 의거한 어떤 상황에서), 무엇을(치료지속 혹은 치료중단), 왜, 어떻게 결정할 것인가? 하는 질문에 의거하여 구체적인 절차와 방식을 결정해두고 이것이 합법적인 것으로 수용되게 하자는 의견인 듯싶다.

4. 가톨릭의 입장은?

인터넷의 여러자료와 개인 블로그 등을 검색해 보면, 이문제에 관한 가톨릭의 입장은 개신교와 확연히 차이가 나는 듯 싶다. 가톨릭교회 교리서 2278항은 연명치료 중단의 권리를 말한다. 비용이 많이 들고 위험하며 특수하거나 기대했던 효과를 거두지 못하는 의료기구의 사용을 중단하는 것은 정

---

1) 황상익. '가망없는 환자의 치료중단과 의료윤리' 〈대한의사협회지〉 41권 7호, (1998), 699면

당하다고 한다. 이러한 의료기구 사용의 중단은 환자가 자격과 능력을 갖추었을 경우 환자 본인이 결정해야 하며 그렇지 못할 경우 법률적 보호자들이 결정할 수 있으나 이 경우에도 항상 환자의 타당한 소원과 정당한 이익을 존중해야 한다고 말한다. 동시에 2279항에서는 죽음이 임박한 것으로 여겨지는 경우에도 영양공급 등 일반적인 치료까지 중단하는 것은 부당하다고 말한다. 교황 요한 바오로 2세는 1995년 〈생명의 복음〉 65항에서 "분명히 죽음이 임박하고 피할 수 없을 때, 양심 안에서 '비슷한 경우의 환자에게 반드시 필요한 정상적인 간호를 중단하지 않는 한도 내에서, 결과가 불확실하고 큰 부담이 되는 생명의 연장밖에 보장하지 못하는 종류의 치료행위들을 거부할 수' 있다"고 했다. 또한 교황청 신앙교리성이 1980년 발표한 〈안락사에 관한 선언〉에서도 이와 유사한 규정이 있다.

5. 교회(기독교)의 입장은?

한국의 기독교계는 반대론이 주류를 형성하고 있으며, 개념의 구분자체를 시도하지 않는 듯싶다. 일반적으로, 안락사라는 말이 들어가기만 하면 적극적이든 소극적이든 무조건 반대한다는 것이 주류를 이룬다. 근본취지는 하나님의 생명주권에 대한 존중을 분명히 선언한다는 것, 그리고 존엄사를 명분으로 안락사를 남발하거나 남용할 우려가 있다는 점에서 분명한 반대가 필요하다는 것이다. 하지만 존엄사 문제만 놓고 볼 때는 일관성도 없고 전문적이지 못하다는 지적이 일기도 한다.

　　어찌 보면, 존엄사를 소극적 안락사로 보는 의사협회의 주장이 적용에 있어서 반대의 결과를 낳고 있는 셈이다. 일부에서는 한국의 교회지도자들이 존엄사에 대한 인식과 개념규정에 익숙하지 못하다고 지적하기도 한다. 안타깝게도 대부분의 사회적 이슈들에 있어서 가톨릭에 주도권을 선점 당하고 있는 형국이기도 하다. 심지어 기독교 내부의 의견이 분분하여 인터뷰나 자문을 구할 마땅한 대상을 찾는 것 자체가 어려울 정도이다. 배아복제 문제에서 볼 수 있었던 것처럼, 기독교가 생명윤리에 있어서 시대에 뒤떨어진 보수성을 지니고 있다는 평가를 받기도 하고 시민사회로부터 왜곡된 평가를 받기도 한다. 잘 생각해 보면, 교회 안에 신앙을 가진 다양한 분야의 전문가들이 속해 있다. 그들이 이야기하도록 해야 할 듯싶다. 목회자의 언어로 말하는 것은 그 다음의 일이다. 전문가들의 목소리를 충분히 반영한 후에 신학자들과의 논의를 통해 성경적이고 복음적인 의료윤리를 세운 후 목회에 적용하는 지혜가 필요할 듯싶다.

존엄사 논의에 참고할 개념 몇 가지

1. 추정동의

의료윤리의 4대원칙(자율성존중, 악행금지, 선행, 정의)의 첫 번째는 자율성 존중의 원칙이다. 환자가 충분한 정보에 의한 동의(informed consent)를 하는 것이 중요하다. 문제는 의식불명 상태 등 환자의 의지를 확인할 수 없는 경우다. 생전유언(living will)을 해 놓지 않았다면 문제가 된다. 추정동의는 환자가 평소에 가족과 이웃에게 했던 표현이나 신앙관 등을 토대로 환자 의견을 추정하는 경우에 해당한다.

존엄사를 허용한 하급심 재판부에 따르면, 환자 가족들에게는 결정권이 없고 환자 자신의 의사를 추정하여 적용할 수 있다. 이것을 추정동의라고 부른다. 생전유언을 포함한 사전지시가 일반화되지 않은 우리나라 맥락에서 추정동의를 정당화한 셈이다. 어느 일간지는 전문가를 인용하여, 이번 판결의 의미를, '특히 식물인간 상태의 환자가 의사를 표시할 수 없는 상태에서 환자의 추정적 의사만으로 존엄사를 허용한 데 의미가 크다'고 했다.[2]

2. 보라매 병원 사건이란?

누군가의 섣부른 말처럼, 인공호흡기를 떼는 일들은 밝혀지지 않았을 뿐인지 모른다. 현행법은 인공호흡기를 떼는 행위에 대해 엄격하다. 그리고

---

2) 동아일보. 2008.11.28일자 〈의료계 '존엄사 허용'에 환영〉

소극적이든, 적극적이든 간에 안락사는 형법상 살인죄와 살인방조죄 등을 적용해 처벌됐던 게 사실이다.[3] 보라매병원 사건이 대표적인 경우이다. 술에 취해 집근처 빙판에 넘어져 의식불명이 되었던 환자가 보라매 병원으로 이송된 후 치료받던 중 퇴원하여 사망한 사건이 있었다. 당시 가족은 경제적 이유 등으로 의료진에게 강력하게 퇴원을 요청했고 각서를 받은 의료진이 환자를 퇴원시켰고 결국 사망했다. 이후 주변사람들의 권유로 장례비 지원을 받기 위해 가족들이 행려환자 처리절차를 밟던 중 사건이 표면화되었다. 검찰은 치료중단이 환자 의사에 반(反)한다고 하면서 의료진과 가족을 기소했고 법원은 집행유예를 선고하여 유죄를 인정하였다.

3. 시아보 사건이란?

이름의 발음부터가 논란거리였던 이 사건은 과도한 다이어트로 식물인간이 된 테리 시아보라는 여성의 죽음에 관한 일이다. 시아보의 남편이 퇴원을 요구하는 소송을 제기하면서부터 미국사회의 큰 관심거리가 되었다. 시아보의 부모는 퇴원을 반대하면서 시아보의 남편에게 의심의 눈초리를 보내기도 했다. 결국 법원은 남편의 의견을 따라 인공호흡기 제거를 허용했고 시아보는 얼마 지나지 않아 사망했다. 특히 식물인간 환자에게 치료중단을 허용한 판례라는 점에서 전 세계의 주목을 받기도 했다. 이것을 연명치료의 중단

---

3) 동아일보. 2008.11.28일자 〈'소극적 안락사' 제도화될까〉

으로 본다면 그 범위가 너무 커지고 남용의 우려가 크다는 이의가 크게 제기
되었으며, 남편이 요청한 죽을 권리가 인정된 사례라는 점에서 논란의 대상이
었다.

4. 카렌 퀸란 사건이란?

치료중단과 관련된 가장 전형적인 사례이다. 여대생 카렌은 친구의 생
일파티에서 의식을 잃고 쓰러진 후 병원에서 인공호흡기에 의지해 연명했다.
회생가능성이 없다는 의료진의 소견을 따라 부모는 카렌에게서 인공호흡기
를 제거하기로 결정하고 법원의 허가를 요청했다. 이 일로 미국사회가 떠들썩
했다. 찬반양론이 맞서는 우여곡절 끝에 법원은 마침내 부모의 손을 들어 주
었다. 카렌의 부모는 법원의 판결에 따라 카렌에게서 인공호흡기를 제거하고
퇴원했으나, 그것으로 끝이 아니었다. 카렌은 자발적 호흡으로 무려 9년을 더
살았다고 한다.

5. 호스피스란?

일반적으로, 존엄사의 대안으로 선호되는 의료이다. 완화치료와 함
께 전인치료의 방법으로 소개되고 있다. 1967년 영국의 여의사 손더스(Cisely

Saunders)에 의해 시작된 근대 호스피스는 말기 치료와 죽음 및 사별까지 포괄하여 돌보는 치료를 말하며, 완화의료는 호스피스뿐만 아니라 항암제 등을 사용하는 생명연장 치료를 포괄한 치료이다.[4] 이는 '의료의 전환'이라고도 설명된다. 치료(cure)에 초점을 맞추어왔던 의료는 환자 중심보다 의사 중심으로, 인간 전체보다는 국소적 병리과정에 더 비중을 두어왔다. 그러나 호스피스는 인간을 신체적, 사회적, 심리적, 경제적, 영적 통합체로서의 전인 개념으로 보고 돌봄(care)의 측면을 강조한다.[5] 일반적으로 호스피스를 가톨릭의 전유물로 생각하기 쉽고 화면에도 가톨릭이 부각되어 나타난다. 꼭 그런 것은 아니다. 개신교의 호스피스 프로그램과 교육 등 다양한 활동들이 나타나고 있으며, 앞으로 더욱 활성화되어야 할 것이다.

6. 커보키언 사건이란?

죽음의 의사(Dr. Death)라는 별명을 가진 커보키언(Jack Kevorkian)은 자살기계(Mercitron이라 이름 붙여짐)를 고안하고 지역신문을 통해 희망자를 모집하여, 9년간 130여명이 넘는 사람들의 자살을 도왔다고 한다. 1급 살인죄로 기소된 그는 환자에게 죽음이 허용될 수 있다면, 신속하고 고통 없이 죽게 해야 한다고 주장했지만, 그의 행적에는 환자에 대한 충분한 상담도 없었거나 의심스러

---

4) 이형식, '호스피스 · 완화치료-개요' 〈대한의사협회지〉 41권 11호(1998). 1120면
5) 김남초, '호스피스 · 완화치료-교육' 〈대한의사협회지〉 41권 11호(1998). 1136면

운 자살을 도와주었던 경우 등이 발견되었다고 한다.

7. 사전지시(Advanced Directives) 제도란?

환자가 평소에 자신의 건강위기상황을 가정하여 의료행위의 방식과 정도를 결정해 놓는 절차를 말한다. 대표적으로, 생전유언(living will)은 의식불명상태나 식물인간 등 최악의 사태를 맞이할 경우, 연명치료를 포기하는 등 구체적인 사항들을 결정해 놓는 방식이다. 또 다른 예로, DNR서약을 들 수 있다. 이 말은 'Do Not Resuscitate order'의 줄임말이다. 불의의 경우를 대비하여 의료진에게 심폐소생술을 하지 말 것을 미리 요청해 놓는 것을 말한다. 서양문화권의 국가들은 물론이고 인근 대만에서도 환자의 자기결정권에 따라 합법화되어있다고 한다. 우리나라의 경우, 이러한 절차들에 대한 법률적 논의가 필요한 상황이다.

신앙인은 무엇을 해야 하는가?

1. 생명윤리를 토론하되 덕을 세우자

존엄사에 관한 사회적 논란을 계기로, 생명존엄에 대한 관심을 가져야 한다. 기독교는 가톨릭과 달리 교도권을 인정하지 않기 때문에 하나의 통일된 목소리를 기대할 수 없을지 모른다. 교리나 신학 및 윤리 문제 등에 관해 교황의 이름으로 지침을 주는 가톨릭의 교도권을 따라 가야 한다는 뜻은 아니다. 기독교는 신앙과 양심의 자유를 따라 의견을 달리할 수 있고 다양한 의견을 말할 수 있다. 하지만, 교회와 사회에 덕을 세우도록 했으면 좋겠다.

너무 의견이 많으면 신앙과 양심의 자유라는 장점이 드러나기보다 혼란하고 복잡한 사람들로 비춰질 수 있다. 게다가 신앙인 스스로 혼란스러워질 수 있다. 성찰과 토론이 필요한 이유가 여기 있다. 개인의견을 말할 자유를 내세우기 전에, 공부 먼저 해야 할 것 같다. 자신의 의견을 말할 자유는 있으나 충분한 공부를 토대로 깊이 있게 토론한다면 교도권보다 탁월한 결론을 만들 수 있다. 문제는 공부와 토론이 생략되기 쉬운 한국교회의 분위기이다. 황우석 박사 사태의 경우처럼, 진보와 보수로 의견이 양분되지 않았으면 좋겠다. 더구나 무조건 반대만 하는 집단이라는 인상을 벗어야 한다. 기독교가 사회적 이슈에 반대의견을 말하는 데에는 합당한 이유가 있다는 이미지를 세우는 것도 중요하기 때문이다.

2. 교회 안의 전문가들로 말하게 하자

하나님은 교회 안에 다양한 분야의 전문가들을 보내주셨다. 목회자는 그들의 달란트를 종합하고 주도해야 할 책임이 있다. 모든 것을 목회자의 목소리로 말할 필요도 없고 그렇게 하는 것이 지혜롭지 못한 경우도 있다는 뜻이다.

교회 안의 전문가들로 말하게 하자. 그들로 하여금 충분히 토론하게 하고 성경적 원칙에 입각하여 정리된 입장을 말하는 노력이 필요한 때다. 적어도 교회 안에서라도 그렇게 해보자. 그들에게 복음을 위해 전문지식을 사용할 기회를 주자. 그리고 기독교윤리학자들을 중심으로 전문가들과의 협력과 연구가 활성화되도록 후원하자.

지금 당장 한 편의 설교로 모든 것을 끝장내려 할 것이 아니라 성숙하고 영향력있는 답을 제시할 수 있도록 노력하자는 취지이다. 하지만 전문가의 목소리라고 해서 모두가 덕스러운 것은 아님을 기억하자. 전문가를 초청하여 섣부른 대형특강을 펼치는 것이 능사는 아니다. 목회자가 먼저 공부하고 검증한 후에 관심있는 교우들을 대상으로 소규모 강좌부터 접근하는 것이 좋을 듯싶다.

찬반을 가려야 하거나 혼란을 부채질하기 쉬운 문제일수록 신중하게 접근해야 마땅하다. 신앙인들 역시 자기 의견만으로 찬성과 반대를 단답형으로 말하기 전에 기도하는 자세로 신중해질 필요가 있다. 우리 주변에, 우리 교회 안에도 중환자실에 관련된 가슴 아픈 사연들이 얼마든지 있기 때문이다.

3. 생명선교에 관심 가진 대안세력이 되자

교회는 하나님의 생명주권을 구현하는 대안세력이 되어야 마땅하다. 아마도 존엄사를 둘러싼 사회적 논의는 존엄사의 인정여부, 결정시기, 결정주체 등 다양한 주제들을 다루게 될 것이다. 신앙인도 찬성과 반대 중에서 한 가지 입장을 택하게 될 수밖에 없겠지만, 충분한 이유를 가져야 하겠다. 특히 성경적 관점에서 말이다.

이를 위해 교회 안의 전문가들과 윤리학자들로 하여금 연구하게 하고 그들의 의견을 경청하자. 그리고 호스피스, 자연사법, 사전지시 등 여러 대안들에 관심을 가져야 한다. 예를 들어, 호스피스가 가톨릭의 전유물이 되어야 할 이유는 전혀 없다. 기독교 안에서도 최선을 다해 활성화하고 있으며 앞으로 관심과 노력에 따라 큰 의미를 찾을 수 있으리라 본다.

호스피스를 교회마다 생명선교를 위한 노력들에 포함시키는 것도 좋은 방법일 수 있다. 목회적 관심과 함께 신앙인들의 자발적 참여와 노력이 필요하다. 규모가 작더라도 생명선교를 위한 모임을 만들고 목회자의 지도를 받아 후원 혹은 참여의 길을 찾는 것이 좋겠다. 가능하다면 호스피스 봉사팀을 만들어 교육도 받고 구체적인 현장에서 봉사하도록 하는 것도 좋은 방법이다. 그리고 굳이 이름을 붙이려면, 생명선교를 위한 모임이라는 뜻이 나타나면 더 좋을 듯싶다.

예를 들어, 교회마다 장례를 돕는 팀이 있다는 것도 중요한 단초가 될 수 있다. 그들의 봉사를 포함하여 삶과 죽음에 관한 종합적인 안목을 기를 수 있는 강좌를 운영하여 생명존엄을 위한 노력의 저변을 확산하는 것도 좋은 방법이 되겠다. 모임의 구성이나 봉사에 관한 프로그램을 말하기 앞서, 존엄사 문제를 어쩌다 시끄러워진 일과성 논쟁으로 생각하거나 시간이 지나면 조용해 질 문제라고 가볍게 여겨서는 안 된다는 점을 다시 한 번 강조하고 싶다.

4. 종말론적 책임과 소망으로 살아가기

교회가 해야 할 가장 중요한 첫 걸음은 역시 삶의 문제에서 출발해야 한다. 종말론적 삶은 성경적인 가르침이며 기독교윤리의 결론이기도 하다. 교회 안에서, 복음에 합당한 삶을 위한 이야기가 활성화되어야 하며 생명의 존엄을 위한 교회의 노력이 지속적으로 구현되는 것이 무엇보다 중요하다. 주께서 오라 하실 때까지, 최선을 다해 주의 사랑을 배우고 실천하며 종말에 대한 신앙을 놓치지 않는 것이 중요하다. 혹은 나그네적 삶의 윤리, 순례자의 윤리를 기억해야 할 것이다. 그리고 주께서 오라 하실 때, 기쁜 마음으로 천국에 들어가리라는 소망의 줄을 놓치지 않아야 한다.

지식사회가 될수록, 지식인이 될수록, 내세에 대한 기대가 희미해지기 쉽다. 죽음을 넘어선 천국의 소망은 저급한 사람들의 몫이 아니라 성경이 말하는 신앙인 모두의 것임을 기억하며 종말론적 삶의 자세를 잃지 말아야 할 것이다. 그것이 존엄사를 말하는 시대에 기독교가 주어야 할 답일지 모른다. 이런 뜻에서, 우리는 이 책의 제목을 다시 한 번 음미해 볼 필요가 있다. '존엄사, 교회에 생명을 묻다' 교회는 생명의 공동체로서 시민사회를 향하여 생명존엄의 길을 제시하며 부활의 소망을 붙들고 살아가는 삶의 진정한 존엄성을 보여주어야 하지 않겠는가?